잠자는 학생은 깨워야 한다

잠자는 학생은 깨워야 한다
ⓒ홍석기, 2023

초판 1쇄 인쇄 2023년 4월 20일
초판 1쇄 발행 2023년 4월 25일

지은이 홍석기
펴낸이 정선모
디자인 가보경 이소윤

펴낸곳 도서출판 SUN
등 록 제25100-2016-000022호. 2016년 3월 15일
주 소 서울시 노원구 덕릉로 94길 21. 205-102
전 화 010. 5213. 0476
이메일 44jsm@hanmail.net

값 15,000원
ISBN 979-11-88270-59-0 (03370)

본 서적에는 '코트라 볼드체'를 사용하고 있습니다.

Printed in KOREA
· 이 책은 저작권법에 따라 보호받는 저작물이므로 무단전제와 무단복제를 금지하며, 이 책의 전부 또는 일부 내용을 사용하려면 사전에 저작권자와 도서출판 SUN의 서면 동의를 받아야 합니다.

─── 천년 미래를 위한 직언 ───

잠자는 학생은 깨워야 한다

홍석기 **지음**

☼SUN

들어가기 전에…

불안하고 힘들 때가 기회다. 기회를 잡으려면 스스로 한계를 넘고 경계를 무너뜨려야 한다. 전공이나 학력, 나이를 따질 때가 아니다. 해보지 않은 일을 하면서 새로운 능력과 또 다른 기회를 만들어 낼 수 있는 건 행운을 잡는 일이다.

책을 내며

　대학 3학년 때, 군부 통치(軍府 統治)를 비난하며 국가의 미래를 걱정하는 글을 신문에 기고한 이유로 고통을 당한 후, 수시로 쓴 글들을 모았습니다. 20년간 직장생활을 하고, 대학과 기업체, 공공단체 등에서 18년 동안 강의하고 책을 쓰면서 배우고 느낀 점이 많습니다. 교육 현장에 계신 선생님과 교수님들의 의견을 듣고 질문을 받으며 교육에 대한 사명과 책임도 느꼈습니다.

　신문과 책을 통해 교육 전문가들의 제안과 여러 교수의 칼럼을 읽으며 비슷한 생각도 했지만, 전혀 다른 관점에서 보는 분들도 많다는 걸 깨달았습니다.

　분명한 사실은 현재의 대한민국 교육, 이대로는 안 된다는 거였습니다. 대학 진학률이 70%가 넘고, 고등교육을 받은 사람이 세계에서 가장 높은 수준이라고 해도 전국적인 범위에서 무너지는 교육을 이대로 방치해서는 안 됩니다. 기초학력이 낮아지고, 기능 기술자들이 감소하며, 인재를 구하기 힘든 상황에서 실업자가 증가하는 것은 위험한 현상입니다.

저 역시 강의하고 책을 쓰면서 늘 고민하고 갈등을 느끼고 있습니다. 여러 가지 사안에 대해 한 가지 정답이 있거나 어느 한 사람의 의견이 전적으로 옳은 것은 아니지만, 제 글과 의견이 누군가에게 참고가 될 수도 있고 작은 도움도 되리라 믿습니다.

사회교육과 학교교육, 여러 가지 사회 현상에 관한 생각과 의견을 모으다 보니 간간이 중복되는 내용도 있으나 앞뒤 문맥에 따라 다르게 이해될 수도 있으리라 믿습니다.

본고에서 말하는 교육자란 교수, 교사, 강사 등은 물론 기업이나 단체에서 교육 업무를 담당하고 계신 분들까지 총칭(總稱)하기로 합니다. 교육 현장의 문제점과 생각을 실었으며, 평소 생활에서 느끼고 경험한 에피소드들을 골고루 담았습니다.

앞으로도 교육과정에서 또는 강의하면서 수시로 글쓰고, 생각을 정리하며 교육 발전에 작은 도움이 되는 삶을 살고자 합니다.

감사합니다.

2023년 봄에

홍석기

목차

책을 내며   6

01 교육은 우리의 미래다

소크라테스와의 대화	17
수학·음악, 한국인이 강한 이유	21
현금보다 교육이다	24
교육 담당자, 책 좀 읽으라고 해 주세요	28
졸업 전에 하고 싶은 20가지	32
젊은이들의 고민 해결 방법	37
영어 공부도 인연	42
잠자는 학생은 깨우지 마세요	46
세상을 바로잡을 건 오직 교육	49
직접 대면교육의 힘	52
서울대보다 좋은 대학교를 만들자	57
이력서와 면접, 인격(人格)이다	61

02 경쟁력 있는 인재가 답이다

무의미한 전공(專攻) 타령	69
많이 배우면 똑똑하고 합리적인가?	72
성적은 구걸하는 게 아니다	76
쓸모없는 인재	80
인문학 기피와 이공계의 위기	84
전공, 나이 묻지 않기	89
신세대들에게 보내는 사과의 글	93
평균과 보통은 싫다	97
행운의 신(神)을 만나는 법	100
세계시민(Cosmopolitan)의 경쟁 조건	104
교육제도의 혼란, 바로잡아야	108
강자(强者)들과 경쟁하라	112

03 자신의 등급을 높이자

N-Job'er 맞아요?	121
그녀들이 행복한 이유	123
포기하고 싶을 때	126
하마터면 놓칠 뻔한 것들	130
행복을 위한 혁신 전략	134
클래스가 다른 사람들	137
공짜 점심은 없다	139
교양인의 일하는 방식	141
말의 무게와 언어의 품격	144
자랑하고 싶은 한국 문화	148
50억 원 없어도 행복한 이유	151
기쁨과 행복의 순간을 만끽하세요	154

04 한계를 넘어서야 미래가 있다

생존의 힘과 사명	163
현장관리자들의 분노	165
효율적인 대외 협상	170
기업가를 존중하라	174
남들이 하지 않는 짓 하는 즐거움	178
인간은 차별하는 게 옳다	183
부드럽게 퇴출당하는 법	186
경영자의 고민과 문제 해결	191
직업의 한계(限界) 극복	195
있을 때 잘해	199
낯설지 않은 데자뷰(Deja vu)	202
하기 싫은 일도 할 수 있는 용기	205

교육은 우리의 미래다

젊은이들이여, 지금의 꿈과 희망,
단 한 가지도 놓치거나 버리지 말라.
국가와 민족의 번영을 위하여!

소크라테스와의 대화

소크라테스: 요즘은 4차 산업혁명보다 코로나가 뜬다면서? 오미크론은 또 무슨 소린가? 나는 잘 모르니 설명 좀 해 주게나, Mr. 홍

Mr. 홍: 자네, 또 나한테 강의하려고 하나? 혁명이란 단어는 그리 함부로 쓰는 게 아닐세. 프랑스혁명이나 러시아혁명처럼 수십만의 희생과 체제 전복 등을 통해 '전혀 새롭게 변하는 결과'가 있어야 혁명이라고 말할 수 있지.

👤 **소크라테스**: 그런데 사람들은 왜? 4차 산업혁명, 메타버스, 챗로봇, 코로나 운운하며 호들갑인가?

👤 **Mr. 홍**: 그거야 학자들이나 정치인들이 먹고 살려고 만든 용어일 뿐이지. 솔직히 소크라테스 선생이 2,500년 전 사람이라서 잘 모를 것 같아, 내 사례를 설명해 줄 테니 오해하진 말게나.

👤 **소크라테스**: 자네와 나 사이에 무슨 오해는?

👤 **Mr. 홍**: 나도 하도 많이 당해봐서 하는 말일세. 나는 농경시대에 한국의 최북단, 38선 너머 DMZ 근처에서 가난한 농부의 아들로 태어나 호미로 콩밭 매고 꼴 베며 자랐네. 날마다 반공·방첩을 외쳤지. 최초로 자동차를 수출하던 산업 시대에 공장에서 일하고 있는데 곧 컴퓨터 시대가 열린다고 해, 죽도록 공부해서 COBOL, Fortran 등을 공부했네. 그것도 영어로 했지. 소크라테스 선생, 무슨 말인지 알아듣

겠나? 요즘 코로나, 오미크론, 어쩌구저쩌구 떠들지만 사스, 메르스, 신종플루, 흑사병, 페스트, 홍콩 독감 등 무슨 바이러스인들 없겠나. 그냥 같이 살아야지. 이참에 백신 회사와 마스크 회사 부자 되고, 인터넷 회사 떼돈 벌고….

소크라테스: 그랬나? 힘들었겠군. 자넨, 선견지명이 있었네 그려. 계속하시게.

Mr. 홍: 선견지명이 있으면, 내가 이 꼴로 살겠나? 회사에서 시스템 분석하고 Data Base 구축한다고 날마다 야근하다가 인사과장이 되었는데, 날마다 노사 분규가 심했네. 그런데 느닷없이 IMF란 괴물에 먹혀 구조조정을 세 번이나 했지. 그래서 운도 있고 팔자도 있다는 말이 이해가 가네.

요즘 소크라테스 선생, 자네도 AI 때문에 헷갈릴 걸세. 조류독감인지, 인공지능인지. 인공지능도 50년 전에 나온 이야기일세. 4차 산업은 혁명이 아니라,

산업혁명에 끼지도 못하는 '자연스러운 흐름'이니 그냥 흘려들으시게나. 4차 산업 시대엔 일자리가 없어진다고 떠들지만, 인류 역사에 언제 남아도는 일자리가 있었나? 요즘도 사람 구하기 힘들다고 난리 치는 회사가 얼마나 많은데. 오늘은 좀 길어져서 미안하네. 혹시 다 알고 있었던 거 아닌지….

▲ 소크라테스: 사람은 많은데 인재가 없다는 거겠지. 겉멋만 잔뜩 들어서…. 좀 지루하구만, 그때 그 집, 한 잔 어떤가? 오늘은 내가 사지.

수학·음악, 한국인이 강한 이유

　수학계 노벨상으로 알려진 필즈상을 받은 허준이 박사는 1년 전, 삼성 호암상을 받은 후 "수학은 나 자신의 편견과 한계를 알아가는 과정이었다. 아직 우리가 풀지 못한 어려운 문제들은 이해의 통합을 통해 해결할 수 있다고 믿는다"라는 말을 남겼다.

　밴 클라이번 콩쿠르 역대 최연소 우승자인 피아니스트 임윤찬은 리스트의 〈단테 소나타〉를 연습하면서 단테의 《신곡》을 암기할 정도로 읽었다니, 어쩌면 철학을 발견하기 위해 음악을 공부한 게 아닌지 궁금해진다. 이들을 보면서 과연 인간에게 '전공과 학문의 경계'가 무슨 의미가 있는지 묻고 싶다.

 한국인은 반도체, 조선산업, 철강산업은 물론, 골프와 기능 올림픽 등에서 수십 년 동안 세계적 우위에 올라섰다. 영화뿐만 아니라 피아노 콩쿠르와 필즈상까지 수상했다. 한국인은 왜 그리 부지런하고 강할까.

 첫째, 한국은 자원이 없다. 고무는 물론, 석유 한 방울 나지 않는다. 철광석은 95% 이상을 수입하고, 식량은 70%를 수입에 의존하고 있다. 땅도 좁은데 자원이 없으니 세계적인 자원 전쟁에서 버틸 힘이 없다. 가진 건 사람뿐이다. 기술이나 재주, 부지런한 습관 등 뭔가 특별한 게 없으면 생존할 수 없다.

 둘째, 강대국에 둘러싸여 있다. 작은 반도 국토 주변에는 세계 최강국인 미국과 중국, 일본과 러시아가 둘러싸고 있다. 강하지 않으면 살아남지 못한다. 지도를 펼쳐 놓고 땅덩어리의 규모를 살펴보면 한심하기도 하다. 중국과 러시아, 미국을 보면 샘이 난다. 강해야만 그들과 경쟁할 수 있다.

 셋째, 사계절이 뚜렷하다. 계절마다 적기를 놓치면 농산물 추수를 못 한다. 면역력을 강하게 하는 발효 음식, 즉 김치,

된장, 막걸리 등이 발전했다. 춘하추동에 따라 다양한 패션이 발전했다.

넷째, 토양이 기름지고 바람이 좋다. 흙과 바람, 물과 불이 자연의 품질과 과수를 더 단단하고 달콤하게 만든다.

끝으로 한국인들은 교육과 배움을 사랑한다. 새벽마다 각종 세미나가 넘쳐난다. 교육열이 세계 최고라고 한다. 가난해도 공부는 해야 하고, 못살아도 책은 사서 읽는다.

한국인들은 어떤 상황에서도 굴하지 않으며, 경계를 넘고 한계를 깨면서 최선을 다한다.

현금보다 교육이다

 세계에서 가장 영향력 있는 지식인 100인으로 선정된 배리 아이컨그린 캘리포니아대 버클리캠퍼스(UC버클리) 경제학과 교수는 현금을 뿌리지 말고, 교육과 직업 훈련을 시켜야 할 것을 강조했다.(한국경제신문 2020. 1. 1.) 당연한 이야기지만 유명한 사람이 주장했으니 설득력 있게 들린다. 고기를 잡아 주는 것보다 고기 잡는 법을 가르쳐야 한다는 뜻이다. "다른 모든 것은 닫아도 학교만은 열어야 한다"(CNN, 2020. 11. 16.)는 칼럼에 적극 공감하고 동의한다. 돈은 조금 덜 벌어도, 사업은 가끔 실패해도 자녀 교육과 직업 훈련은 멈출 수 없음을 강조한 것이다.

지난 3년간의 코로나 팬더믹(Corona Virus Pandemic), 지옥 같은 삶 속에서도 빛나는 사람들을 보았다. 그들은 바로 시도 때도 없이 줌(ZOOM)을 통해 공부하는 사람들이었다. 새해 첫날 저녁에도 줌으로 강의를 들었다. 새벽 5~6시에 독서 모임을 하는 사람들도 있고, 평일과 주말에도 줌을 활용하여 강의 듣고 토론하는 사람들이 있다. 미국, 호주, 독일에 사는 분들이 강의를 듣고자 시간을 바꿔가면서 참여하고, 해외에서 직접 강의하는 분들도 있다. 여기저기 단체 대화방이나 밴드, 블로그와 페이스북 등을 통해 회원을 모집하고, 무료와 유료를 섞어가면서 다양한 프로그램을 기획하고 운영하는 분들을 보면 기특하고 대견스럽기도 하다.

강의실과 세미나룸으로 가지 않더라도 수십 명씩 모여 웃고 떠들며 질문하고 의견을 나눈다. 얼마나 좋은 세상인가? 나이, 성별, 직업에 관계없이 강의와 토론 주제 또한 다양하다. 리더십과 자기계발은 물론, 심리학과 문화예술에 이르기까지 폭넓고 깊이도 있다. 어쩌면 대학보다 훨씬 나은 강의실이 될지도 모른다. 영어와 수학 교육인들 어렵겠는가?

국가에서 긴급 재정을 뿌려가며 힘든 국민을 돕고 민심을 잃지 않으려는 충정을 모르는 바 아니지만, 교육은 멈출 수가 없다. 어떠한 방법으로든 최고의 교육을 지향해야 하는 것은 국가의 백년대계(百年大計)를 위해서이다. 이런 와중에 자사고를 없애자느니, 수월성 교육을 하자는 것은 국민의 하향 평균화를 통한 우민정치(愚民政治)의 전략에 지나지 않는다. 오죽하면 지난해 아시아권 대학에서 10위 안에 든 한국의 대학이 하나도 없을까?

2020년 아시아 최고의 대학 순위에서 중국이 단연 1등이다.(조선일보, 2020. 12. 7.) 중국은 북경대, 칭화대 등 5개 대학이 10위권 안에 들어가 있지만, 한국은 10위 안에 든 대학이 하나도 없다. 서울대, 연고대, 포스텍 등이 점점 밀려나는 상황이다. 중국은 세계적인 유명교수 한두 명을 모셔오기 위해 대학 건물까지 따로 지어준다. 서울대보다 더 좋은 대학을 만들고, 자사고보다 훨씬 좋은 고등학교를 만들어도 부족한 상황에 자사고 없애자는 소리만 하고 있다.

1950년부터 시행된 국제기능올림픽 대회에서 1등을 19번이나 했던 한국이 최근 2회에 걸쳐 2등과 3등을 했다. 중국이 연속 1등을 했다. 예전에는 국제기능올림픽 선수들이 우승하고 오면 서울 시청 앞에서 카퍼레이드하고, 청와대에서 만찬에 초대했지만, 요즘엔 신문의 주요 기삿거리로 뜨지도 않는다. 기능 기술을 무시하는 증거는 공고와 전문대학의 파괴다. 공고나 상고를 특수목적고등학교 또는 직업계 학교라며 아름다운 명칭으로 바꿨지만, 그 의도를 모르는 사람은 없다. 기능 기술 교육을 무시하며 천시하고 있다.

  어른들이 공부하는 줌 세상이 더욱 넓어지길 기대하며 교육의 중요성을 다시 한번 강조한다.

 교육 담당자, 책 좀 읽으라고 해 주세요

"기업체나 공무원들 중 교육 담당자는 책 좀 읽으라고 부탁 좀 해 주세요. 도대체 대화가 되지 않아 답답하고 고민도 됩니다. 교육 담당자들은 교육생들을 관리만 하는 자리가 아닙니다. 교육생들이 교육을 통해 성장할 수 있도록 그날의 강의 주제와 어울리는 말 한마디 정도는 할 수 있는 최소한의 성의는 보여야 합니다. 교육에 대한 사명이나 소명까지는 바라지 않지만, 본인이 공부하지 않고 책도 안 보면서 교육한다는 건 선무당 사람 잡는 겁니다.

정말 열심히 공부하고 노력하는 분들도 많습니다. 그러나

제가 만난 교육 담당자들 중 70~80%는 책 한 권도 읽지 않는 것 같았습니다. 스스로 부끄럽지 않도록 최소한 수강생들보다는 더 공부하고 배우고자 하는 마음과 정성은 있어야 합니다. 무성의한 교육 담당자를 만나면 그런 집단에 가서 강의하고 싶지 않습니다."

며칠 전, 어느 강사로부터 받은 메일 내용이다. 여러 기업체와 공공단체에서 자주 강의하는 분인데 얼마나 답답했으면 내게 그런 부탁을 했는지 일부 공감도 되고, 한심한 생각도 들었다.

교육 담당자라면 자신이 맡은 업무는 물론, 의뢰하고자 하는 교육이나 강의에 대해 정확한 목적과 뚜렷한 목표를 갖고 교육과정을 설계하고, 그에 걸맞은 강사를 부르고, 성과 목표와 교육 목적을 이룰 수 있는 주제를 제시해야 하는데, 도대체 무슨 목적으로 뭘 하려는지 알 수 없는 소리만 하더란다.

강사의 입장에서 일일이 가르칠 수도 없어 질문하고 의견을 물어보지만 제때에 답신도 없고, 자세히 물어보면 귀찮은 듯 피하고, 마지못해 그 자리에 있는 듯 대충 해 달라는 말까지 하는 사람도 있다.

대부분의 교육 담당자는 그렇지 않지만, 일부 직원 중에는 교안을 보내도 잘 받았다는 답신도 없고, 몇 번씩 확인해도 문의조차 없더니 교육 당일에서야 강의 장소를 알려 주는 분도 있다고 한다. 아마 회사에 불만이 많거나, 자신의 직무에 대해 관심이 없는지도 모르겠다.

이런 사람을 그 자리에 앉혀 놓은 경영진도 문제지만, 자신의 업무 역량이나 지식적인 면, 학구적인 욕망도 없는 교육 담당자는 그 자리에 앉아 있을 이유가 없다고 생각한다. 십여 년간 기업체와 공공기관, 공기업에서 강의해 온 사람으로, 일면 수긍하면서도 교육 담당자에게 그런 부탁을 할 자신이 없다. 그런데도 어떤 잔소리를 듣거나 비난을 받더라도 할 말은 해야겠다고 용기를 냈다.

교육 전문가라면, 프란시스 베이컨의 《학문의 진보》, 《EBS 다큐멘터리 최고의 교수》, 파커 파머의 《가르칠 수 있는 용기》 등과 같은 책은 당연히 읽어야 한다고 생각한다. 물론, 장 자크 루소의 《에밀》이나 밥 바이크의 《창의적 교수법》, 아리스토텔레스의 《수사학(Rhetoric)》 등은 다 읽었을 것이다.

직원 교육을 위한 교안을 보냈더니 영어가 많이 섞여 있어서 곤란하다고 할 정도라면 그 자리에 왜 있는지 모르겠다. 영어가 꼭 필요한 건 아니지만, 적당한 수준의 정확한 표현을 위해 영어를 병기(倂記)할 필요가 있는 경우도 있다.

 이런 현상들이 교육 담당자만의 문제일까? 영업 마케팅 담당자, 변호사, 의사는 물론, 임원들, 경영 관리자들도 마찬가지일 것이다.

 공무원이나 공직자 중에 리더 역할을 맡은 분들은 어떨지 궁금하다. 자신이 맡은 업무에 관한 전문서적은 물론, 문학, 역사, 철학, 예술 등 다양한 책을 좀 많이 읽었으면 좋겠다.

 필자 역시 기업체에 근무할 당시에 책을 많이 읽지 못한 것이 후회되고, 후임자들이 더 잘해 주기를 바라는 마음에서 전하는 의견이라고 이해해 주면 좋겠다.

 졸업 전에 하고 싶은 20가지

 대학 1~2학년 학생들에게 백지를 나누어 주고, 남은 2~3년의 캠퍼스 생활하는 동안 꼭 이루고 싶은 것 20가지를 적어 보라고 했다. 놀고 즐기는 대학 문화(?) 속에서 뭐 대단한 꿈과 목표가 있을까 생각하며 그래도 몇 가지 자극을 주고 동기부여를 해야겠다고 생각했다.

 그들이 백지를 채워 나가는 모습을 유심히 살펴보았다. 표(表)를 그리는 사람, 번호부터 적는 사람, 학기별로 기간을 정해 해야 할 일의 순서를 쓰는 학생 등 참으로 다양한 방법으로 자기 생각을 표현하고자 했다. 생각의 자유와 상상의 날개를 마음껏 그려 보도록 충분한 시간을 주었다.

한 시간쯤 지날 무렵, 자신의 꿈과 목표를 발표하도록 했다. 남들 앞에서 자기의 희망과 목표를 이야기한다는 게 쉽지 않지만, 많은 사람 앞에 공언(公言)함으로써 의무감과 책임 의식을 갖고 자신의 목표를 달성하도록 스스로 약속할 것을 주문했다. 발표하겠다는 학생 서너 명이 손을 들더니, 덩달아 또 네댓 명이 앞에 나와 자신의 꿈과 목적을 설명했다. 글로 쓴 내용보다 발표하고 설명하는 이유가 더욱 돋보이는 시간이었다. 기대했던 것보다 큰 그들의 꿈과 목표에 필자 자신도 놀라지 않을 수 없었다.

1. 남은 5학기 동안 직접 5개의 영상작품을 촬영, 편집, 제작하기
2. 《행복과 꿈》이라는 책을 저술하여 출판하기
3. 중국과 인도를 한 달간 여행하고 히말라야를 등반하기
4. 전공서적, 경영서적, 교양서적 각 100권, 원서 50권 읽기
5. 학기마다 아르바이트해서 미국, 일본, 유럽에 배낭여행 다녀오기
6. 졸업할 때까지 전 과목 A$^+$ 받기
7. 도서관 문 닫을 때까지 공부하기

8. 새벽에 컴퓨터 하는 시간을 6시간에서 1시간으로 줄이기

9. 20개 대기업 직원들과 친분 쌓고 교류하기

10. 졸업 전에 1,000권의 책 독파하기

11. 미시간주립대학에 교환학생으로 선발되어 유학 가기

12. 초등학교 때부터 쓴 일기를 졸업할 때까지 하루도 빠짐없이 쓰기

13. 대학 가요제 입상하기

14. 결혼자금 모아 부모님께 부담 주지 않기

15. 일기 800편 썼는데 졸업 전에 1,460편 써서 출판하기

16. 골프와 테니스 배우기

17. 영자신문 한 시간 안에 독해하기

18. 소주 한 병 원샷하지 않기

19. 4시 반에 일어나기

20. 주요 일간지에 논설 쓰기

21. 동거해 보기

22. 부모님 해외여행 보내드리기

23. 큰 무대에서 프로들과 춤추기

24. 정치인, 평론가, 논객들과 술 한잔하기

25. 누군가의 인생에 모델 되어 주기

26. 신발 100켤레 사고, 원 없이 옷 사보기

27. 이성 친구 사귀기

28. 남들 앞에서 발표 잘하기

29. 피아노 잘 치고 노래 잘 부르기

30. 옷과 머리 등 치장에 쓸데없는 시간 낭비하지 않기

31. 품위 있는 열정 식지 않도록 하기

32. 최선을 다해 다시는 오지 않을 20대를 멋지게 살아보기

33. 시(詩)를 읽고 음식 맛있게 먹기

34. 그림 20점 그리기

35. 창업해서 20건의 거래 성사하기

36. 고기와 설탕 그만 먹기

정말 다양하고 기상천외한 의견들이 수두룩했다. 학생 대부분의 공통적인 목표는 영어(TOEIC)와 한자 공부, 중국어 학습 그리고 해외여행이었다. 무엇보다도 중요한 점은 그런 꿈과 목표를 글로 쓰면서 느낀 점과 그런 목표를 설정한 이유를 쓰면서 자기와의 다짐을 명시했다는 것이다.

학생 개개인의 '졸업 전 목표' 원본은 필자가 보관하고, 한

부쩍 복사하여 개인별로 나누어 주었다. 책상 앞이나 서랍 속에 넣어 두고 수시로 확인하면서, 졸업하는 날 몇 개의 꿈이 이루어졌는지 확인해 보기로 약속했다. 갑자기 실시한 설문에 아무 생각 없이 써낸 학생도 있겠고, 형식적으로 잘 보이게끔 적은 사람도 있을지 모르지만, 모두들 소박하고 실질적인 야망과 원하는 목표를 적었으리라 확신한다.

이들의 꿈이 단 10%라도 이루어지고 한두 가지라도 결실을 거둔다면, 작은 성공에서 오는 기쁨과 자신감은 또 다른 성공과 함께 커다란 가치를 갖는다고 설명했다. 그들의 꿈이 실현되고 목표가 달성되는 날, 대한민국은 한층 건강해지고 우리 민족은 더 큰 미래를 열어갈 것이다. 새로운 꿈과 희망을 안겨 준 후배와 젊은이들에게 고마움을 느끼며 벅찬 가슴을 안고 강의실을 나왔다.

젊은이들이여, 지금의 꿈과 희망, 단 한 가지도 놓치거나 버리지 말라. 국가와 민족의 번영을 위하여!

젊은이들의 고민 해결 방법

여러 대학의 학생들 50여 명이 함께 교육받고 있는 정부산하 어느 기관에 가서 강의하다가 그들에게 지금의 고민을 물었다. 작은 종이에 즉시 써낼 것을 요청했다. 그들이 쓴 고민거리는 다음과 같았다.

1. 어학 능력 향상-영어, 일본어, TOIEC 점수
2. 남 앞에 서는 것에 대한 두려움-남 앞에서 떨림과 긴장
3. 좀 더 자신감 있어 보이고 싶음
4. 면접위원 앞에서 자신 있게 논리적으로 말을 잘하고 싶음

5. 어떻게 사는 것이 행복한 것인가?

6. 공부에 대한 집중력-열심히 하고 싶은데 집중이 되지 않음

7. 대인관계 개선-나와 다른 사고를 가진 사람들과의 관계

8. 돈 문제와 채무

9. 적성에 맞는 직업 찾기-자신의 적성이 무엇인지 헷갈림

10. 취업

11. 현실에 대한 위기감

12. 무엇인가 하고자 하는 의지의 나약함

13. 잠이 많음

14. 좋은 여자 혹은 남자 만나기

15. 자신의 전공에서 가장 잘할 수 있는 업무 찾기

16. 언제나 화목할 수 있는 가정 만들기-가족 간 스트레스

17. 지식 습득 과정에서의 게으름-지식 습득의 어려움

18. 학생도 사회인도 아닌 무소속으로부터 오는 자신감 하락

19. 첫 대면하는 사람과의 의사소통과 스킬

20. 배우자 선택

위 문제와 고민거리들은 아마도 그들만의 고민이 아니며,

어쩌면 평생 없어지지 않을 사항일 수도 있다. 각각의 고민은 어느 한두 가지 부족함이나 미비함으로 인해 함께 어우러져 나타나는 복합적인 현상일지도 모른다.

나 역시 지금도 그와 같은 걱정과 고민거리가 있다. 20가지 문제와 고민을 어떻게 해야 풀어낼 수 있을지 한참을 생각하면서, 각각의 문제들 상호 관련성을 분석해 보았다. 예를 들어

1. 어느 한 젊은이가 밤잠을 자지 않고, 고민이나 걱정할 틈도 없이 코피를 흘려가며 2~3년 공부한다면,
2. 어느 한 학생이 다양한 사람들의 모임에 참가하여 세미나를 듣고, 성공한 사람들의 책을 읽고, 그대로 따라 하고 실천하며 그들과 어울린다면,

위 두 가지만 잘 이해하고 지속적으로 실행한다면, 외국어 능력이 뛰어날 것이고, 여러 면에서 탁월한 실력을 갖출 것이며, 자신감도 생길 것이다. 그렇게 하면 취업을 위해 면접 보는 자리나 처음 만난 사람들 앞에서 자신감이 없거나 괜히 떨거나 하지는 않을 것이다.

본래 성격상 부끄러움이 많거나 소심한 학생도 있고, 원래 잠이 많고 게으른 면도 있겠지만, 다양한 지식인들이나 전문가들과 어울리다 보면 간접적으로 배울 점이나 얻어듣는 내용도 많고, 결점이나 단점을 조금씩 보완해 가면서 습관도 바뀌고 생각이나 성격도 나아질 것이다. 그렇게 하다 보면, 실력과 역량이 향상되어 취업도 잘되고, 좋은 기업이나 원하는 곳에 취직하면 일정 기간이 흐른 뒤 저절로 돈 문제나 부채도 해결될 것이다. 하기 싫은 일도 열심히 하다 보면 적성에 맞는 부서에 배치되거나 직무순환의 기회가 생겨 원하는 일을 할 수도 있을 것이다.

원하는 목표를 찾고 그 일에 몰두하면서 잠에 대한 유혹이나 현실에 대한 위기감을 느낄 겨를 없이 공부나 대인관계 능력에 집중하다 보면, 허례허식이나 외모 가꾸기는 별 게 아니라는 걸 느낄 것이다. 기업은 얼짱·몸짱보다 우수하고 능력 있는 인재를 찾고 있다. 물론, 실력 있는 사람이 키 크고 잘생기면 더 좋겠지만 말이다.

좋은 회사 다니며 돈 많이 벌면 가족들 간에도 인심이 후하고, 가족 구성원 누군가에게 도움을 줄 수도 있다. 좋은 회사엔 훌륭한 여자 친구나 남자 친구가 될 만한 사람도 많을 것이며, 함께 일하는 과정에서 그들과 좋은 만남을 가질 수도 있을 것이다.

 이와 같은 문제 해법이나 대책을 젊은이들이 몰라서 못 하는 건 아닐 것이다. 모두들 잘 알고 있지만, 아직 절실하지 않거나 부모님의 도움이 가능하거나 혹은 최악의 상황에 빠져 보지 않아서 미루는 건 아닌지 모르겠다. 중요한 점은 항상 지금 실천하는 것이다. 과거의 잘못을 후회하는 데 시간을 너무 많이 낭비하거나 망설이며 걱정하는 습관에 빠져 위기감만 느끼는 것은 별로 도움이 되질 않는다. 그래도 실천하는 사람은 많지 않다. 아직은 견딜만한가 보다.

영어 공부도 인연

산업시찰단으로 자동차 공장을 방문한 외국인들에게 유창한 영어로 공장시설을 설명하는 예쁜 여자 기사(技師)가 부러웠다. 그래서 기계를 돌리고 용접하면서 영어 공부를 하기로 결심했다. 그날로 영자신문 정기구독을 신청했다. 공장에서 영자신문을 읽는 기능공은 거의 없었다.

3년 동안 준비해 들어간 대학에서 선택한 전공은 컴퓨터공학이었다. 당시엔 한국뿐만 아니라 전 세계적으로도 컴퓨터 관련 학문 즉, 전자계산학(電子計算學)이 초기 단계였으므로 전공서적이 별로 없었다. 홍릉에 있는 카이스트(당시 KIST) 근처에 외국 서적을 전문으로 취급하는 서점이 있었는데, 그곳에서 컴퓨터공학 관련 책을 많이 살 수 있었다.

컴퓨터 프로그래밍, 시스템 분석(System Analysis), 수치 해석(Numerical Analysis), 데이터베이스 관리(Data Base Management) 등은 대부분 영어로 쓴 책들로 공부했다. 교수들도 해외에서 또는 KIST에서 공부하고 온 분들이 많았다. 그러니 영어를 모르면 공부하기 어려웠다. 유창하게 해석하고 쉽게 이해할 수 있는 학문은 아니었지만, 꾸준히 할 수밖에 없었다.

꼭 카이스트에 들어가고 싶어 열심히 공부했지만, 입학시험에서 떨어졌다. 다행히 군대 생활은 전공을 살릴 수 있는 전산 분야에서 할 수 있었다. 군에서 전역하고 입사한 회사가 글로벌 기업이었다. 미국, 영국, 독일 등에 있는 기업들과 비즈니스를 하면서 외국인들도 자주 방문하는 회사였다. 영어를 하고 싶으면, TOEIC 시험을 보라고 응시료까지 주면서, 점수에 따라 TOEIC 자격 수당도 지급하였다.

운이 좋아서 뉴욕보험대학(The College of Insurance)에 연수를 갈 기회도 얻었다. 그 후 지금까지 영어는 일상이 되었고, 수시로 영자신문이나 New York Times, Financial Times 등의 외신을 사서 읽으며, 틈틈이 BBC, CNN 등을 보면서 영어 공부를 꾸준히 하게 되었다.

　직장생활을 그만두고 강의를 시작한 지 3년 정도가 되었을 때, 방글라데시 공무원들에 대한 강의 요청이 왔다. 이 기회에 진짜 영어로 강의하고 싶다는 욕심이 들어서 한 달 동안 열심히 강의 준비를 했는데 취소되었다. 정말 다행이었다. 그래도 혹시나 하는 생각에 꾸준히 공부했는데, 그 후 인도네시아, 네팔, 몽골, 미얀마 등의 공무원과 현지인 직장인들에게 영어로 강의할 기회가 주어졌다.

　최근에 어느 국제기구에 근무하는 임원이 영어강의 코칭을 해 달라는 요청이 와서 개인 코칭을 한 적이 있다. 곧바로 이어서 공공기관에서 해외 취업을 하게 될 젊은이들에게 비즈니스 영어를 가르쳐 달라는 요청이 왔다. 18년간 강의를 진행한 대학 강의가 비즈니스 커뮤니케이션이었는데, 주로 영어 원서를 바탕으로 교안을 만들어서 진행해 왔다. 얼마나 다행인가.

공부나 직업이나, 일이나 비즈니스나 서로서로 연결되는 거였다. 만남은 우연이지만 인연은 필연이라는 생각이 드는 요즘이다.

잠자는 학생은 깨우지 마세요

"질문하지 마시고, 잠자는 학생 깨우지 마시고, 저녁에 아르바이트를 가기 위해 화장하는 여학생도 있으나 신경 쓰지 마시고, 그냥 쉽고 재미있게 강의해 주세요."

"그러면 학생들이 잠을 자거나 말거나, 강의를 듣거나 말거나, 포기한 애들 그냥 두라고? 그게 교육이란 말인가?"

이해할 수 없었다. 의도는 알겠지만 동의할 수 없다. 이런 학교에서는 어느 교실이나 대여섯 명의 학생들은 그렇다고 했다. 지방이라고 다 그렇지 않고, 특수학교라고 다들 비슷하지 않다. 대구에 있는 Y전문대학이나 세종시에 있는 J중학교, 포항에 있는 H대학은 그렇지 않다. 그건 교육자의 사명과 교육 방식에 따라 다르다.

얼마 전 실업계 고교에 강의를 다녀오면서 반성했다. 그들을 가르치려고 한 게 큰 실수였다. 가르칠 게 아니라, 그들의 고민을 들어보고, 그들에게 질문하면서 대화를 했어야 했다. 다음부터는 그러지 않겠다고 다짐했다. 영어나 수학은 가르치는 게 맞지만, 특강하러 가서 뭔가를 가르치려고 한 것은 옳은 방법이 아니었다.

특히, 특수목적고등학교나 지방에 있는 대학에 특강을 다녀오면 마음이 아프고 며칠 동안은 소화가 안 된다. 그런 학교 선생님이나 교수님들은 얼마나 힘들까 걱정이 되었다. 우리 애들은 다 키웠고 내 나이도 많으니 요즘 MZ세대들에게 할 말도 없고 통하지도 않겠지만, 어른들이 그러면 안 된다. 이건 교육이 아니다.

'전인교육(全人教育, Whole Person Education)'은 단순한 가르침(Teaching)이 아니다. 그들의 정신과 영혼 속에 감추어진 열정과 욕망을 이끌어 내는 것이 '교육(Education, 라틴어: Educo, 영어: Educe)'이다. 인간교육은 가정교육, 사회교육이 학교교육과 어우러질 때 그 효과가 나타난다.

코로나 대유행(Corona Pandemic)의 장기화로 인해 빈부 차이가 더 벌어지고, 도농격차(都農隔差)가 더욱 심해지는 상황에서 교육정책 관계자들은 현실을 똑바로 보고 올바른 시책을 내놓아야 한다. 책상 앞에 앉아 탁상행정으로 정책을 수립하거나 특정 집단이나 이해관계자들의 말만 들어서는 안 된다. 교육 현장에 들어가 보고, 학부모를 만나고, 일선 선생님들의 고충을 들어야 한다.

교육은 국가의 백년대계(百年大計)라고 했다. 백 년, 천 년을 보면서 교육해야 한다. 수시로 바뀌는 교육감이나 장관의 머리로 당장의 교육계획을 세울 게 아니라 시대 변화와 기술의 발전, 국제환경의 흐름 등을 고려하여 글로벌 수준으로 교육을 이끌어야 한다.

필자가 중학교 때 스케이트를 가르쳐 주신 선생님은 50년이 지난 요즘도 문자와 메신저로 인사를 주고받으며 지낸다. 교육은 국·영·수만이 아니다.

세상을 바로잡을 건 오직 교육

"미국 양당주의의 대승리"(Triumph of U.S. bipartisanship, Joong-Ang Daily, Koichi Hamada, 2021. 9. 6.),

"과거에 빠져드는 우리의 미래"(Drowning our future in the past, NY Times, Maureen Dowd, 2021. 9. 6.),

"미국의 새로운 전쟁의 두려움"('America's New, Disturbing of War', NY Times, Samuel Moyn, 2021. 9. 6.).

2021년 9월 6일의 주요 외신을 읽으면서 한국의 현재를 생각한다. 미국, 영국, 독일 등이 수십 년 동안 두 개의 정당으로 국가를 통해 온 것에 비해 한국은 1945년 해방 이후 200

여 개의 정당이 등록과 소멸을 거듭하면서 인물 중심으로 변해왔다. 이들에게 통치 철학이나 애국심을 기대하는 것은 착각이다.

일류 대학을 나온 사람이라고 해서 올바른 교양을 갖추었거나 지적인 수준이 높다고 생각하는 게 얼마나 어리석은 일인지 최근에 다시 깨닫고 있다. 사회 지도층이라고 해도, 평판과 품성이 같지 않다는 증거는 곳곳에서 나타나고 있다. 여러 가지 사건과 개개인의 사례를 일일이 들추어 명시하고 싶지는 않다. 법에 어긋나는 일을 저지르고, 그런 사건의 중심에 있는 지도자들의 언행은 사실 학교교육만의 문제가 아니라, 그 가족의 내력이나 가문, 부모로부터 보고 배운 게 겨우 그런 것밖에 없기 때문일 게다.

선생님의 올바른 가르침과 학교교육이 인간을 성장시키고 성숙한 교양인으로 만들 수 있다는 것은 교육학적인 면에서 아주 일부분만이 '그럴듯한 이론'으로 증명되는지도 모른다. 이와 같이 학교교육이 기대에 어긋나는 이유는, 인간교육의 성과는 학교교육만으로 이루어지지 않으며, 사회교육과 가정교육이 함께 어우러진 즉, '전인교육'이 이루어질 때 비로

소 인간이 형성되기 때문이다.

  초등교육도 제대로 받지 못한 아버지는 필자가 5살일 때 서당(書堂)에 보내 천자문(千字文)과 사자소학(四字小學)을 배우게 하고, 서예(書藝)를 할 때는 붓과 벼루, 먹을 갈아서 한 획을 긋는 자세가 제일 중요하다는 점을 강조하셨는데, 그 이유를 이제야 알 듯하다.

  대학생들에게 취업에 관한 강의를 할 때마다 세 가지 자질 즉, '지식과 기술, 태도의 균형과 조화'를 강조한다. 머리가 좋다고 일을 잘하는 것도 아니고, 얄팍한 잔머리에서 나오는 행동이 주변 사람들을 얼마나 힘들게 하는지 알기 때문이다. 성실한 태도나 습관이 없는 지식은 쓰레기만도 못하다는 걸 재차 강조하고 싶다.

  코로나가 끝날 무렵, 그동안 중단되었던 직접 대면 교육이나 세미나 등이 활성화되어 기업과 대학에서 '올바른 인간교육'이 강화될 것을 기대한다.

직접 대면교육의 힘

"동영상 강의를 듣고, 인터넷으로 만나고, 줌(ZOOM) 회의를 해도 역시 사람은 얼굴을 보고 만나야 하는가 봅니다. 직접 만나서 강의를 들으니까 좋군요."

최근 어느 기업에 강의를 마치고 교육 담당자와 대화를 나누며 많은 생각을 했다. 입학하고 졸업할 때까지 대학 캠퍼스와 강의실을 자유롭게 드나들지 못하고 졸업하는 전문대학 학생들, 세미나와 토론회, 최고경영자과정을 마음대로 열지도 못하고 참석하지 못하는 경영자와 관리자들, 정기 교육마저 사라져서 인재 육성의 사명과 효과를 잃어버릴 것 같은 교육 담당자들의 답답한 가슴을 달래 줄 방법이 없었다. 교수나 강사, 선생님들 역시 외롭고 우울하고 괴로운 건 마찬가지다. 억지로 진행하는 것 같은 과정에 참석한 분들의 표정은 어두웠고, 다른 일(?)로 바쁜 듯했다. 과연 이런 교육이 필요한지 의문이 들기도 했다.

한편, 코로나가 온 이후, 한 번도 쉬지 않고 직접 대면교육을 실시한 기업체와 대학원 최고경영자과정도 있다. 그런 교육을 실시하는 경영자 단체나 기업들의 교육 담당자들은, 고대 로마 그리스 시대나 전쟁 중에도 피난 가서 대학 공부를 한 것처럼, 철저한 방역 시스템을 구축하고, 어떤 일이 있어도 교육은 멈출 수 없다는 직업 철학을 갖고 있다는 확신이 들었다.

유튜브와 웨비나, 이러닝(E-Learning) 등의 생소한 언어들이 익숙해지고, 메타버스와 게더타운이 낯설지 않은 '시대적 흐름'을 거역할 수는 없지만, 의사소통과 교육은 역시 직접 얼굴을 보고 표정을 읽고, 눈빛에서 마음이 통해야 하는 거라는 결론에 일치했다. 현장관리자들의 고민을 직접 들어보고,

생각과 의견을 써 보게 하고, 토론하고 발표하면서 마음에 새기는 일은 컴퓨터로 대체할 수 없는 일이다.

몇몇 대학교의 최고경영자과정, 인천의 상공회의소, 전남 광주와 경남의 경영자총협회 등은 10년 넘게 강의하고 있는 고객이다. 인근의 공무원과 개인 사업자는 물론, 일반 자영업을 하시는 여성분들도 많이 오시는데, 강의를 듣는 분들의 눈빛과 표정을 보면서 잔인한 비교를 하게 된다. 공부하는 모임이 있는 지역과 그렇지 않은 지역에 따라 발전의 흐름과 민도(民度)의 차이를 느낄 수 있다. 잘 사는 지역과 어려운 지역은 몇 가지 이유가 있는데 그 첫째가 교육이다.

공부하는 최고경영자들이나 고위 공직자들은 각 대학의 최고경영자과정에 와서 강의를 듣고, 경험과 지식을 나누며 인맥을 구축하는 것을 볼 수 있다. 강의 듣고 공부만 하러 오는 것은 분명 아닐 테다. 그런 대학원 과정에서는 각 기수별로 동문회를 구성하여 골프도 치고 야유회도 다니면서 사업 경험을 공유하고, 시장 흐름을 듣고 배우며, 간접 경험도 쌓는다. 서로 다른 생각을 존중하고 인정하면서 사업 범위를 넓힐 수 있고, 색다른 아이디어를 얻기도 한다. 우연히 함께 마신 커피 타임에서 수억 원짜리의 기회를 주고받기도 한다.

수학 공식을 풀어가는 과정이나 영어 단어를 암기하는 방법은 인공지능이나 로봇의 도움을 받아 배울 수 있지만, 사례를 제시하면서 실감 나는 연기를 통해 감성 리더십을 가르치는 일이나 쌓인 불만을 털어놓으며 공감을 얻고자 하는 토론은 컴퓨터 화면으로 채워지지 않기 때문이다.

어쩌면 코로나 시대가 끝난 후에도 사이버 강의와 인터넷 교육은 멈추지 않을 것이므로, 교육은 그 방법과 효과를 잘 검토하여 구분해서 진행할 필요가 있다. 집에서 공부하는 인터넷 대학 강의가 효과가 작은 것처럼, 도서관에 가지 않고 카페에서 공부하는 게 한계가 있는 것처럼, 기업교육과 산업현장 교육, 각종 세미나와 토론회 등은 인터넷을 통한 비대면 방식과 직접 대면 방식을 모두 활용해야 할 것이다.

강의실과 교육장에서 이루어져야 할 교육과정이 있고, 그냥 사이버를 통해 전달할 수 있는 과정도 있다. 분명한 것은, 설령 코로나가 사라지지 않아도, 더 센 바이러스가 다시 온다고 해도, 인간교육과 인재 육성은 축소하거나 멈출 수 없다.

작금의 '완벽한 폭풍(Perfect Storm)' 즉, 코로나와 전쟁, 지진과 기후 변화 등이 동시에 몰리는 위기일수록 수준 높고 깊이 있는 교육은 더욱 절실하다고 강조하고 싶다.

서울대보다 좋은 대학교를 만들자

"아, 제가 명함이 없는데요. 곧 연락드리겠습니다"라고 하면서 연락이 없는 사람이 있다. 처음 만나는 외국인과 환하게 웃으면서 악수도 할 줄 모르는 고위공무원이 있고, 명함도 제대로 주고받을 줄 모르는 일류대학 교수가 있다. 치열한 글로벌 경쟁에서 이기려면 영어만 잘해서도 되는 게 아니지만, 인사 한마디 건네지 못하는 사람들은 무시당할 수밖에 없다. 여러 나라에서 태극기 게양하는데 실수하고, 방문하는 국가와 지역의 이름조차 헷갈리면서 오류를 반복하는 공인(公人)들의 무책임이 안타까울 뿐이다.

서울대를 없애고 자립형 사립고등학교(자사고)를 폐지하자는 사람들이 있으나, 이는 단편적인 생각이다. 서울대보다 더 좋은 대학교를 만들어야 하고, 자사고보다 훨씬 좋은 고등학교를 만들어 치열한 글로벌 무대에서 경쟁할 수 있는 강력한 인재를 키워야 나라가 산다. 홍콩과학기술대학이나 싱가포르국립대학, 중국의 칭화대와 경쟁할 수 있는 대학이 한국에는 없다. 슬프지 아니한가?

드라마 'SKY 캐슬'에서 보여준 입시 경쟁의 폐단을 말하지 말고, 밤새워 공부하여 전 세계인들과 경쟁하는 사람들을 알려야 한다. 전 국민이 영어를 유창하게 할 필요는 없으나, 3~5개 외국어를 유창하게 말하는 젊은이들을 보여주어야 한다. 해외시장에서 글로벌 기업들과 경쟁하는 회사를 소개하고, 상상할 수 없는 기술을 개발하고 예측할 수 없는 미래를 개척하는 '창조자들의 역사'를 가르쳐야 한다. 이탈리아 현악기 제조 콩쿠르에서 1등 하는 K공고 출신의 스타가 빛나야 하고, 세계시장의 40%를 점유하는 인조대리석의 경쟁력을 널리 알려야 한다. 주 52시간 근무가 아니라 열흘 동안 밤새워 기술을 개발하는 연구원들의 실상을 알려야 한다.

백년대계(百年大計), 그 이상의 수천 년을 이끌어 갈 인재를 키워도 부족한 상황에서 겨우 자사고를 없애야 한다는 둥, 시험 문제를 쉽게 내야 한다는 둥과 같은 말만 하는 정치인들과 교육 관계자들을 보면 참으로 염려스럽다. 10년을 공부해도 인사조차 할 줄 모르는 영어교육, 책을 읽지 않고, 글을 쓸 줄 몰라서 대졸 신입사원에게 문서 작성과 기획력을 가르쳐야 하는 우리의 교육은 이미 바닥을 치고 있다. 쉽고 재미만 있는 교실에서 무슨 교육이 되겠는가? 10%의 학생들만 공부하고, 90%가 책상에 엎드려 잠자는 강의실이 부끄럽지 않은가? 담임선생님을 하기 싫다는 교사들의 불만에 아무도 귀 기울이지 않는 현실이 안타까울 뿐이다.

　우리의 경쟁국은 아프리카 빈민국들이 아니라 세계를 이끌어 가는 선진국들이다. 18개 외국어로 인터넷 방송을 하는 일본의 NHK와 28개 외국어를 내보내는 영국 BBC를 닮고 싶은 생각은 왜 하지 못하는가? 먹자 방송과 불륜 드라마, 개 그만 넘치는 공영방송을 보면서, 그들과 경쟁하려면 아직도 멀었다는 생각이다. 신문이나 각종 내로라하는 공고문에서

조차 철자법이 틀린 문장이 적지 않고, TV 방송에서도 재미로 쓴다는 글이 엉망진창인 경우가 허다하다. 이게 옳은 일인가?

이력서와 면접, 인격(人格)이다

"제가 직장생활 10여 년 했지만, 솔직히 이력서 한번 써 본 적이 없습니다. 막상 회사를 나와 다시 다른 곳에 가려고 하니 막막하네요. 이력서 잘 쓰는 방법 간단히 알려 주실 수 있을까요?"

"우리 학생들, 아시다시피 취직하기 쉽질 않습니다. 이력서 쓰고 면접 보는 요령에 대해 짧게 한두 시간만 강의해 주시겠습니까?"

글을 잘 쓰고 인터뷰를 잘하는 요령이나 기술을 간단히 배울 수 있을까? 챗팅 로봇이나 인공지능에게 물어보면 정확한 답안을 보여줄까? 그건 요령(Tactics)이거나 기술(Skills)이 아니다. 이력서나 자기소개서를 쓰는 게 '간단히 쉽고 편하게 배울 수 있는 것'은 더욱 아니며, 다른 모든 학문과 기술이 그렇듯이 한두 번에 익힐 수 없다.

'직장은 월급 받는 곳이며, 일단 들어가서 몇 년 버티다가 좋은 기회 있으면 옮겨야지. 안 될지도 모르지만 이력서나 내보고, 잘 되면 면접까지 가는 거지 뭐. 그러다 운이 좋으면 취직이 될지도 모르지' 하는 마음으로 면접 보는 사람과 '당분간은 배운다는 마음으로 일해야지, 아직은 회사에 특별히 기여할 뭐가 있겠나? 배우고 익히며 함께 일하는 사람들에게 도움이 되어야지. 그러다 보면 알지 못했던 자신의 부족함도 느끼고 감추어져 있던 재능도 발견할 수 있겠지. 회사가 성장해야 나도 발전하는 거 아니겠어?' 하는 마음으로 면접 보는 사람의 눈빛과 발걸음 소리가 같을 수 없다.

쉽고 재미있는 그림이나 뒤적이며, 똑같은 사람들끼리 똑같은 술집에서 맨날 똑같은 수다 떨면서 학창 시절을 보낸 사람과 성공하고 싶다는 소망을 갖고 매일 고민하며, 두껍고 지루한 책과 하루 종일 씨름하고 밑줄 치며 노트를 정리하면서, 다양한 학술 세미나를 찾아다니며 부지런한 사람들과 어울린 사람의 언어 전달 능력과 의지(意志)의 표현, 사고(思考)의 정리가 같을 수 없다.

제아무리 좋은 이력서와 자기소개서를 곁에 놓고 베껴가며 글 쓰는 연습을 하고, 서비스 강사의 설명을 들으며 멋진 태도를 꾸미려 해도 수십 년간 부모님과 선생님, 친구들과 어울리며 익힌 몸과 마음의 습관은 잘 고쳐지지 않는다.

평소의 생활 방식과 행동, 몸가짐에 대한 노력이 순간에 표출되는 자리가 면접 장소이고 그런 경험과 경력을 서술하는 매체가 이력서이며 자기소개서이다. 지식과 경험 또는 책과 사람을 통한 간접 경험 등이 조화를 이루고 몸과 마음이 균형을 이룰 때 올바른 사람으로서의 인격(Character)이 형성된다. 그러한 지식과 경험은 졸업할 때쯤에서야 별도의 기간을 마련해 준비하는 게 아니다. 몸과 마음은 대학교 4학년이 되어 형성되는 게 아니다. 취직을 위해 재수하고, 별도의 취업 준비를 한다는 학생들의 눈빛엔 자신감이 보이지 않는다. 재수하거나 특별한 준비를 해도 별로 나아질 것 같지 않다.

실력과 능력을 갖춘 사람은 졸업 전에 몇 군데씩 취직이 되고, 인정받는 직장인과 전문가는 재직 중에도 오라는 곳이 많다. 게으르고 편하게 성장한 학생이나 어려운 일을 피해 가며 요령껏 생활한 직장인은 불러 주는 곳이 없다. 그래야 올바른 평등이 아니겠는가? 그래야 공정한 민주사회가 아니겠는가? 물론, 그렇지 않은 예외도 얼마든지 많지만 말이다.

태어나면서부터, 초등학교 아니, 유치원에서부터 매일매일 선택한 언행과 실천의 방식에 따라 지성(知性)과 감성(感性)이 형성된다. 학생이 되면서부터 읽고 배우고, 듣고 느끼고, 보고 겪은 일들이 몸과 마음에 스며들어 누적되는 것이다. 축적된 모든 것들의 합(合)이 글과 말로 표현되고 타인에게 인식되는 것이다. 존재하는 순간의 합(合)이 인생인 것처럼. 그러니까 맹자의 어머니가 자식의 미래를 위해 세 번이나 이사하지 않았겠는가. 간단한 강의를 듣고, 쉽고 재미있는 책을 읽고, 잘 쓰인 이력서와 멋진 서비스 교육을 받아 취직할 수 있다면 얼마나 좋을까?

얼짱·몸짱이 좋은 기업에 들어가는 기준이 마련된다면 얼마나 쉬울까? 그렇다고 이력서 작성과 면접에 관한 강의와 교육을 받지 않을 용기도 나지 않는다. 그런 시대에 우린 살고 있다.

경쟁력 있는 인재가 답이다

무서운 현실과 미래를 직시하도록
설명해 주어야 한다. 어떠한 어려움도
극복하고 헤쳐나갈 수 있도록
강인한 정신과 인내심을 가르쳐야 한다.

무의미한 전공(專攻) 타령

♟ 'Big Data 강의' 가능하신가요?
♟ 그럼요. '컴퓨터 공학'이 저의 학부 전공입니다. 알고리즘과 인공지능은 다 같은 개념입니다.

♟ '비즈니스 커뮤니케이션' 강의는요?
♟ 대학에서 18년간 진행한 강의 내용이 바로 그겁니다.

♟ '글쓰기와 기획문서 작성' 강의는 가능한가요?
♟ 자기계발서 4권, 소설 1권 쓰고, 번역도 서너 권 했지요. 칼

럼은 700여 편 썼고, 제안서는 모두 직접 씁니다.

♟ '영어 강의'도 가능한가요?
♟ 그럼요. 몽골 네팔 인도네시아, 필리핀 등 공무원과 현지 직장인 등 10개국 이상 영어로 강의했습니다.

♟ 신입사원 강의도 가능한가요?
♟ 코로나가 온 최근 3년간에도 신입사원 강의를 14번 했습니다.

♟ '회사 경영관리자 강의'는 해 주실 수 있나요?
♟ 물론이죠. 경영자총협회, 상공회의소, 대학원 CEO과정 등 전문 강의 17년째입니다.

♟ 우리 신문사 칼럼을 써 주실 수 있나요?
♟ 그럼요. 원고료는 얼마인가요? 공짜는 없지요.

♟ 그러면, 선생이 못하는 건 뭐가 있나요?

- 살인, 방화, 배신, 주식 투자, 고스톱, 포커 등 못하는 건 훨씬 많지요.

- 그런데 선생님 강의는 좀 어렵다고 하던데요?
- 아, 그래요? 쉽고 재미있는 게 교육인가요? 저는 어려운 내용을 더 쉽고 재미있게 강의합니다. 일단 들어보시지요.

많이 배우면 똑똑하고 합리적인가?

 공부를 많이 했다고 해서 모두가 올바르게 잘 사는 게 아니라는 건 알고 있다. 지혜로워서 부자가 된 것도 아니다. 책을 많이 읽었다고 현명하지 않으며, 부지런하다고 성공하는 것도 아니고, 느린 사람이라고 불행하지도 않다. 게으른 사람이 잘사는 경우도 있고, 잽싸게 움직이는 사람이 사기를 당하기도 한다. 그건 그때그때 다르다.

 '합리성과 지성의 차이(The Difference Between Rationality and Intelligence)'에 관한 글이 뉴욕타임즈에 실렸다.(Gray Matter/ 2016년 10월 16일자) 합리적인 판단을 내리고 이치에 맞게 행동

하는 것과 지식 또는 지성(Knowledge or Intelligence)은 모두 다르다는 거다. 많이 알고 있지만, 합리적이지 않은 사례는 얼마든지 있다. 오히려 많이 배운 사람들이 옳지 않은 일을 하는 경우도 많다. 최근 국내에서 일어나는 여러 가지 정치적 사건들을 보거나 정부 고위관료 사회에서 자주 발생하는 부정부패와 비리 등에 관한 소식을 듣다 보면, 옳고 그름을 판단하는 도덕적 기준이나 합리적인 결정과 행동은 지식이나 교양과 관계없는 것 같다.

피도 눈물도 없는 승자독식(勝者獨食)의 경쟁이 일어나는 상황은 뉴욕의 월가(Wall Street)에서 일어난 폭동에서 볼 수 있다. 무지막지한 소득을 올리는 금융가의 탐욕에 시민들이 돌을 던졌지만 그 누구도 그 돌을 맞거나 반성하진 않았고, 지금도 변한 건 없다. 그냥 코웃음만 쳤을 것 같다.

우리나라에서 가장 탁월한 지식과 수준 높은 문화의식을 갖춘 집단을 꼽으라면 국회의원을 들 수 있겠다. 최고의 학력과 지성을 갖춘 300여 명의 집단에 대해 시민들은 생산적이지 않다고 하면서 부정적인 시선을 보내지만, 아마도 그 집단의 문화와 집단사고(Group Thinking), 오랫동안 박힌 고정관념에 대해서는 국민도 인정해 주기 때문에, 변화와 혁신을 외면한 채 잘 유지되고 있는 것 같다.

간혹 어이가 없을 정도로 어리석은 행동을 하거나 말도 안 되는 말을 가볍게 던지는 국회의원들을 보면 국민으로서 자존심이 상한다. 최고의 실력을 자랑하며 등용한 공무원들도 2~3년이 지나면 공무원 집단의 문화에 길들면서 꼼짝달싹하지 못하고 관료 사회와 직장 문화에 적응하게 되고, 일정 기간이 지나면 더욱 잘 견디게 된다고 한다. 우수한 인재를 채용한 기업에서 신입사원들의 행동과 직업의식에 대해 실망하는 관리자들도 마찬가지다. "이 바닥이 원래 그래"라고 이야기하는 업계 사람들의 고정관념은 수십 년째 변함이 없다. 그래서 학문과 지성과 문화와 의식은 제각각인 모양이다.

세계 최고의 학구열을 자랑하는 한국, 세계 최고의 스포츠 실력과 기술을 갖고 있는 우리나라가 부정부패지수가 높고 갈등 비용이 200조 원이 넘는다는 건 이만저만한 문제가 아니지만, 아무도 이를 해결하거나 쉽게 건드리려 하지 않는다. 시민들이나 지도자들이나 별로 다를 게 없다. 많은 분을 모시고 강의하고, 여러 곳에 글을 쓰는 필자 또한 마찬가지다.

그냥 말로만 걱정하고, 힘도 없는 글을 쓰면서 위로받고 싶은 마음에 넋두리만 하는 것 같아 부끄러울 뿐이다. 물이 새는 바가지를 한없이 들고 있다가 어느 날 텅 빈 바가지를 들고 이웃으로 물을 얻으러 가게 될 것 같은 불안감이 엄습하는 요즘이다.

✎ 성적은 구걸하는 게 아니다

   성적은 구걸하는 게 아니다. 학력이나 직책은 공짜로 얻는 게 아니다. 오래전, 어느 기사에서 어머니를 학교에 모시고 온 아들이 교수님 앞에서 무릎 꿇고 성적을 올려 달라고 빈다는 글을 읽었다.

   대학에서 강의할 때, 기말고사가 끝나면 많은 학생으로부터 성적을 정정해 달라는(올려 달라는) 문자와 메일을 받았다. 다른 교수님들도 학생들의 성적 처리 기간에 골치를 앓고 있다고 한다. 청년 실업률이 12%를 넘어섰고, 체감으로 느끼는 실제 실업률은 더 높다고 한다. 한편, 중소기업에는 일할 사람이 없어 외국인 근로자를 쓰는데 어려움이 많고, 인건비도 적지 않다는 소식이 들린다. 유럽에서 가장 강한 나라로 인정받는 독일의 대학 진학률은 35%가 되지 않는다. 우리나라 대학 진학률은 70%가 넘는다.

최근 중국 자동차 회사가 국내에 공장을 지을 거라는 소식이 들리고 있다. 우리나라 자동차 회사도 미국과 중국 등 해외 여러 곳에 공장을 지었다. 해외투자가 늘었다고 좋아하는 모양이다. 그 모든 공장과 기업들이 한국에 있었다면 수십만 개의 일자리를 마련할 수 있었을 것이다. 우리의 일자리는 외국과 외국 근로자들에게 빼앗기고, 우리 젊은이들은 남의 공장에서 일하는 모습이 예상된다. 해외에서 공부하고 돌아온 젊은이들도 취직이 어려워 아르바이트나 계약직으로 버티고 있다.

위 내용을 정리해 보면, 우리나라 청년 실업 문제는 벌써 십여 년 전에 예상된 일들이다. 경제 정책이나 노사 문제 등은 아랑곳하지 않고, 20년이 넘도록 정쟁에 매달리는 지도자들의 이전투구(泥田鬪狗) 결과가 지금 나타나는 것이다. 문제는 이런 상황이 또 몇십 년은 갈 수도 있을 것이며, 한국이 이대로 주저앉을 수도 있을 거라는 예측은 어렵지 않다. 그렇다고 국정 책임자들이나 지도자들 탓만 하면서 마냥 기다릴 수도 없다. 일본이 한국을 36년 동안 강제로 점령했을 때나 3년간 치른 6·25전쟁 때에도 아등바등하며 살아남으려고 애를 썼으며, 방공호에 숨어서도 공부를 했다는 분이 있다. 이런 분들을 생각하면 나약한 정신으로 자살을 생각하거나 성적을 구걸하며 산다는 것은 너무 치사하지 않은가? 모든 것을 포기하고 빈둥거리기엔 너무 젊지 않은가?

자꾸만 옛날이야기를 꺼내고 비교해서 미안하지만, 인류 역사는 그런 것이다. 흙수저, 금수저를 아무리 이야기하고 헬조선을 떠들어도 자신의 문제를 해결해 줄 사람은 달콤한 위로를 던지는 사기꾼이 아니다.

얼마 전, 지인의 자녀 K군은 미국 유명 대학을 졸업하고 한국으로 돌아와 대기업 입사시험에 여러 번 떨어졌다. 하는 수 없이 부모의 반대를 무릅쓰고, 외국 자동차 회사에 영업사원으로 입사했다. 차를 보러 오는 고객의 차를 양복을 입은 채 닦아 주고, 모르는 한자를 6개월 동안 공부해서 한자 2급 자격증을 받았다. 서울 지역의 판매망을 갖고 있었지만, 부산에 사는 고객을 만나러 부산까지 다녀왔다. 그는 입사 2년 만에 과장으로 승진하여 억대 연봉을 눈앞에 두고 있다고 한다.

도전하는 젊은이들이 보고 싶다. 부모가 성적을 올려 주려고 하고, 상장까지 받게 뛰어다니면 쫓아가서 말리는 자식들이 보고 싶다.

쓸모없는 인재

"프랑스에서 박사학위를 받고 세계적인 컨설팅 회사에서 근무한 경력이 있으며, 3개 외국어를 유창하게 하는 인재를 모셔 와서 글로벌 기업을 대상으로 한 영업 총괄 업무를 맡겼습니다. 그런데 그녀는 영업에 대한 개념도 없었고, 매출과 순이익에 대한 의미도 잘 알지 못했습니다. 보고서는 화려하고 멋있게 쓰고, 유창한 영어로 보고는 잘하는 듯했지만 영업 전문가들이 전하는 현장의 목소리는 들으려 하지 않았으며, 해외 각 지사의 영업 전략을 수립하고 관리하는 데에는 아무 쓸모가 없었습니다. 인간관계는 탁월한 듯 보였으나 그 직책을 즐기면서 모여서 떠드는 분위기만 좋아하는 것 같았습니다. 당장 잘라내고 싶지만 윗사람이 그녀를 너무 좋아하고 신뢰했으며, 그녀는 자신만만해 보였습니다. 언제까지 기다려야 할까요?"

얼마 전에 만난 글로벌 기업 관리자의 하소연이었다. 기업의 글로벌 경쟁력을 갖추기 위해 글로벌 인재를 채용했지만, 직무에 맞지 않는 사람을 채용한 결과에 따른 문제점이 노출되는 것이다.

"교수들이 가장 무능하고 쓸모없는 사람들의 표본입니다. 공부 이외에 할 줄 아는 게 뭐가 있습니까?"

어느 대학원장님의 말씀이다. 공부만 해서 다른 것은 모른다는 뜻으로 들렸다. 최근의 몇몇 교수들이 정치와 관료 사회에 들어가 국가와 사회를 망치는 것을 보면서 그 대학원장의 한탄이 이해되고 공감이 갔다.

직무 성과를 내기 위해 필요한 자질을 정확히 명시하지 않은 상황에서 막연히 화려한 인재 또는 스펙(Specification)만 좋은 사람을 채용하여 조직에 해를 끼치는 사례는 자주 있는 일이다. 때로는 기업 문화에 맞지 않는, 조직에 어울리지 않는,

너무나 우수한 인재(Over-Qualified Human Resource)를 배치한 후 후회하기도 한다. 학벌과 성적도 좋고 외국어를 잘한다고 해도, 인성이 그릇되어 거짓말을 잘하거나 품행이 단정하지 못하거나, 다른 사람들과 협력하지 못해 조직에 적응하지 못한다면 우수 인재라고 볼 수 없다. 유연성이 부족하거나 다양성을 수용하지 못하는 인재들은 급변하는 조직에 적응하지 못해서 개인 본인이나 기업 경영 모두에게 부정적 결과를 가져오기도 한다.

OECD 국가 중 국·영·수 과목이 1위라고 하고, 아시아 100대 우수대학에 한국의 대학들이 대거 진입했다고 하지만, 공교육 과정에 윤리, 도덕과 역사, 철학을 가르치지 않은 대가(代價)는 사회 곳곳에서 나타나고 있다. 법대 교수들이 얼마나 많고 법조계 인사들이 무릇 수천 명이거늘 어찌 장관 한 명 앉힐 사람이 없어 몇 달씩 법무부장관을 공석(空席)으로 두는지 이해할 수 없다.

그래서 인사 전문가는 사람을 제대로 선별하여 채용해야 한다. 그럴 능력과 역량을 갖춘 사람이 인사를 맡아야 한다. 딱히 인사 분야의 전문가가 아니더라도 인재 채용을 위한 면접을 볼 기회가 많은 관리자는 면접위원으로서가 아니라 경영자 입장에서 인재 채용과 면접에 대한 공부도 할 필요가 있다. 최근 몇몇 기업에 '채용 선발과 면접'에 관한 강의를 하면서 느끼는 것은 '기업에 딱 맞는 우수 인재'를 뽑는 게 쉽지 않다는 점이다.

구직자는 넘쳐나고 실업자는 많은데 우수한 인재가 없다고 하니, 이는 어려서부터 가정교육과 학교교육이 잘못된 탓이다. 쉽게 돈 버는 비결만 가르치려 하고, 노동의 가치와 근로의 의미를 가르치지 않은 어른들의 책임도 피할 수 없다. 어설프게 공부한 성적으로 좋은 자리만 찾아다니며 시간과 세월을 소비하는 젊은이들에게 무서운 현실과 미래를 직시하도록 설명해 주어야 한다. 어떠한 어려움도 극복하고 헤쳐나갈 수 있도록 강인한 정신과 인내심을 가르쳐야 한다.

인문학 기피와 이공계의 위기

 요즘 같은 심경으로 글을 쓰면 아무래도 불편한 일이 생기거나 오래 살지 못할 것 같다. 몇 가지 주제를 정해서 타이핑하다가 중단하고, 이런저런 생각을 정리했다가 지워버리고, 다 써놓은 글을 찢어 버리고 접어둔 지 한 달이 지났다.

 칼을 좋아하는 사람은 칼에 꽂히고, 총을 좋아하는 사람은 총에 맞는다고 했던가? 말 잘하는 사람은 말로 피해를 당할 것이며, 글 잘 쓰는 사람은 글로써 보복을 당하리라고 누군가 겁을 준다. 잘 쓰지도 못하는 글을 제멋대로 올리고 날리다가 제대로 된 임자 한 번 만나면 큰 곤욕을 치를 것 같은 예감도 든다. 어쩌다 세상이 이렇게까지 되었는가? 오죽하면 방송과 신문에 보도되는 언론 내용을 분야별, 주제별로 분석하여 데이터베이스(DB)로 구축하고 평가하여 대책까지 세운다고 하니 그렇게도 할 일이 없단 말인가?

요즘 인문학과 문사철(文史哲: 文學·歷史·哲學)이 죽어가고 있다고 한탄하는 분들이 많다. 인문사회학을 전공한 학생의 진로가 막연하고 취업이 어렵다고 한다. 인문학을 경시하는 사람들이 늘어나는 것 같다. 그래서 그런지 국가를 통치하고 국정을 책임지는 지도자들의 언어에 철학이 없고, 국민을 대변한다는 사람들의 행동과 양식에는 역사의식이 없다.

다른 한쪽에서는 이공계 기피 현상이 국가의 미래를 어둡게 한다고 염려하고 있다. 수포자(수학 포기), 과포자(과학 포기)가 늘어나고 있다고 걱정한다. 공대생들은 스스로 외면당하거나 무시당하고 살 거라는 불안감에 싸여 모두들 의과대학으로 옮긴다고 한다. 어쩌면 인문학이나 이공계를 싫어하는 게 아니라, 어렵고 따분한 공부는 하기 싫은 사람들의 핑계인지도 모른다.

보고 듣는 디지털과 영상 매체의 위력이 읽고 쓰고 생각하는 기본을 빼앗아 가버린 채 쉽고 재미있고 편안하게, 빨리빨리 성공하고 싶은 사람들이 단체 행동이나 자살로 이어지는 건지도 모르겠다.

주말에만 공부해도 장학금을 탈 수 있다는 우리나라 대학교육에 대한 한 젊은이의 비판에 정부 당국은 귀 기울이지 않는다. 주관식 논술고사로 학생의 실력을 가늠하겠다는 학교 방침을 관련 부처에서는 기존의 정책이 '일관성 있는 정책'이라며 반대하고, 어기는 자에 대해서는 단호히 대처하겠다고 으름장을 놓고 있다. 공직자들이 밥그릇을 빼앗길까 두려워하는 모습이 딱하다. 안정적이고 오래가는 공무원 시험에 대학생이 몰려들고, 행정·입법·사법의 삼권분립 민주주의는 언제부턴가 사라져 버렸다.

배움에 대한 욕구만 있으면 학교에서 배우고, 학원에서 배우고, 인터넷과 사이버세상에서 배우고, TV 앞에서 배우는 시대다. 캠퍼스에서 배우고, 디지털 세상에서 대학을 다닌다. 대학교를 졸업하고 또다시 대학에 가고, 또 다른 대학원엘 가고, 여러 외국어를 배우기 위해 거액의 돈과 시간을 투자한다. 배우고 싶지 않은 사람으로부터도 배우고, 닮고 싶지 않은 사람으로부터 닮아서는 안 될 것도 배운다. 많은 직장인과 젊은이들이 다양한 모임과 커뮤니티를 찾아다니며 인맥을 쌓고 공부하며, 지식과 경험을 얻기 위한 갈증을 견디지 못해 미친 듯이 실력과 역량을 키우고 있다.

그런 집단에 유난히 보이지 않는 집단이 있다. 그렇게 하지 않아도 밥 먹고 사는데 별문제 없는 사람들이다. 선의의 경쟁과 협력을 회피하고, 평가를 통한 피드백(Feedback)을 두려워하고, 시장원리를 반대하며 그들만의 집단에서 옹기종기 모여 이전투구하며 살려고 한다.

오랫동안 레오나르도 다빈치를 연구한 마이클 겔브는 "당신의 두뇌는 당신이 생각하는 것보다 훨씬 좋다"라고 말한다. 그 좋은 머리를 지속적으로 발전시키지 않고 어영부영 살다 가기엔 너무 허무하지 않을까? 기능과 기술을 배우고, 직장을 다니다 해고된 후 사업하다 실패하고, 또다시 변화의 소용돌이를 헤쳐 나와 경영학을 배우고, 클래식에 빠져들고 고전에 파묻히며, 역사박물관을 찾는 재미와 의미를 느낄 수 있는 삶과 그렇지 않은 삶이 같을 수는 없다.

　다양성(Diversity)과 유연성(Flexibility)을 고루 갖추고, 이들의 조화(Harmony)를 추구할 수 있는 지도자는 이 땅에 없는가?

전공, 나이 묻지 않기

틈틈이 구두를 닦으면서 가까스로 공고 전기과를 졸업하고, 우연한 기회에 신문에 난 광고를 보고 직업훈련소를 찾아갔다. 그곳에서 용접과 선반(旋盤) 기술을 배운 후, 자동차 공장에서 3년 동안 피스톤을 깎고 엔진 블록 등 자동차 부품을 만들면서 기계 일을 했다. 반장과 한바탕 싸우고 난 후, 느지막하게 대학을 갈 때는 컴퓨터공학을 전공으로 택해서 정말 힘들었다.

당시엔 논리학, 통계학, 수치 해석, 데이터 분석, 프로그램 디자인, 알고리즘, 데이터베이스, 시스템 분석, Operation

Research 등의 언어들조차 모두 생소하고 어려운 설명들이었다. 초창기의 컴퓨터 분야는 전공 교수도 별로 없었고, 인터넷도 없으니 검색은 상상도 하지 못했고, 참고서도 드물어 학생들끼리 논쟁하듯 따지면서 어렵사리 졸업했다. 그래도 찾기 힘든 과목을 공부한 덕분에 일류 기업에 취직되었다.

전산실에서 직장생활을 한 지 6년쯤 지날 때, 난데없이 인사과장이 되었다. 야간 대학원에 다니며 근로기준법, 노동조합법 등 경영학을 공부하면서 해외연수도 가고 싶었다. 임원실에 들어가 애걸복걸해서 뉴욕보험대학(The College of Insurance)에 단기연수를 다녀왔다. 잘나가던 기업에 외환 위기가 왔다. 정부의 명령과 지시에 의해 회사의 구조를 조정해야 하는 입장에서 인사팀장을 맡았다.

30%나 되는 직원을 명예롭게 해고하고 회사를 나와 1~2년 방황하다가 농사를 지을까 돼지를 기를까 고민하던 중 우연히 강의를 시작하게 되었다. 그걸 계기로 '해보지 않은 일'을 하기로 했다. 번역, 외신 탐독, 외국인 영어 강의, 코칭과 상담 등을 하게 되었다. 3년 만에 목표는 적중했고, 기대보

다 잘 되었다.

 박사학위도 없는 강사가 갑자기 대학 강의를 하게 되었는데 맡은 과목이 '비즈니스 커뮤니케이션'이었다. 매 학기 수강생이 800~1,200명까지 되었다. 힘들고 생소했지만 즐거웠다. 공부하고 연구하면서 죽도록 파고들었더니 두 곳의 대학에서 18년간 강의할 수 있었다.

 '코로나 팬데믹(COVID-19 Pandemic)과 우크라이나 전쟁, 튀르키예 지진 그리고 기후 변화(Climate Change)', 이들의 합(合)은 '완벽한 폭풍(Perfect Storm)'이다. 다시 힘든 상황이 왔다. 나만 힘든 게 아니라 전 세계인들이 어렵다고 한다. 강의가 축소되고, 세미나를 연기하고, 교육이 줄었다. 골목상권은 장사가 안된다고 아우성이고, 중소기업들은 일할 사람이 없어 일을 못 한다고 난리다. 다들 외롭고 우울하고 괴로워서 죽고 싶다고 한다. 지구촌 사람들이 '정신적 건강의 위기(Mental Health Crisis)'를 겪고 있다.

 뭔가 색다른 일을 하고 싶어 고민하다가 오랫동안 묵혀 두었던 생각, 소설을 쓰기로 했다. 문학을 전공하거나 문예창작

과를 나온 사람도 아닌 공고 공대 출신이지만, 그냥 한 번 써 보기로 했다. 그래서 나온 책이 《시간의 복수》다.

'또 한 번의 기회'다. 또다시 변신하고 도전하는 거다. '그 때'처럼!

신세대들에게 보내는 사과의 글

정말 미안합니다. 이 모든 것이 저 한 사람의 잘못만은 아니지만, 기성세대 아니, 지금까지의 한국 땅에서 살아온 어른으로서 사과합니다.

저 같은 어른들이 예전에는 상고만 졸업해도 은행에 취직했고, 공고만 나와도 기술을 배워 충분히 먹고 살 수 있었습니다. 굳이 옛날이야기만 하자는 게 아니라, 언제부턴가 갑자기 늘어난 대학의 수를 보면서 놀랄 뿐입니다.

100개면 충분할 대학을 400개 가까이 만들어 놓고, 독일이나 영국처럼 고졸자의 30~40%만 대학을 가도 충분한 것을, 고등학교 졸업생 중 70% 이상이 대학을 가게 하여 매년 40만 명 가까이 대학을 졸업하는데, 무슨 수로 해마다 양질의 일자리 40만 개를 만들어 대겠습니까?

해외에 나가 있는 기업들의 반만이라도 국내에 있으면 좋은 일자리가 많으련만, 이미 우수한 기업들이 미국과 중국은 물론, 멕시코와 인도네시아, 베트남 등 전 세계 각지에 흩어져서 남 좋은 일만 시키고, 지금도 국내에서의 기업 경영을 힘들어하며, 밖으로 나가려는 기업들이 증가한다는 것은 참으로 안타까운 일입니다.

더군다나 국내에 들어와서 일하는 외국인 근로자들을 보면 먹고 살기 위해 물불을 가리지 않고 닥치는 대로 일을 하는데 언제부터 우리는 좋은 일, 적성에 맞는 일만 하고 살았는지 모르겠습니다. 아무리 배가 고파도 힘들고 더러운 일(3D)은 하기 싫어하는 풍토가 된 듯합니다. 또한, 수십만 명의 젊은이들이 공무원 시험을 보겠다고 몇 년씩 시간과 세월을 허비하며 학원가에 틀어박혀 젊음을 낭비하는 것이 과연 국가나 사회를 위해 바람직한 일인지 묻고 싶습니다.

어찌하여 모든 젊은이가 대학에 가야 하고, 입시 코디까지

붙여 주며 SKY만 들어가라고 스트레스를 주는 게 과연 자식을 제대로 가르치려는 부모의 자세인지 묻지 않을 수 없습니다. 그런 드라마가 센세이션을 일으키고, 장안의 화젯거리가 된다는 게 부끄러울 뿐입니다.

그래서 감히 젊은이들에게 부탁드리며 간청합니다.

기성세대나 어른들에 대해 불평만 하거나 불만을 갖는 것은 여러분들의 미래를 열어가고 준비하는 데 아무런 도움이 되지 않습니다. 좋아하는 일을 해야 성공한다는 달콤한 말에 속지 마시고, '아프니까 청춘'이라는 가짜 위로에 귀 기울이지 마시고, 각자의 끼와 재주를 살려 마음대로 커나갈 것을 부탁드립니다.

어차피, 모든 지식과 정보는 스마트폰 안에 다 들어 있고, SNS 시대에 모르는 게 없는 쓰레기 같은 정보와 가짜 뉴스(Fake News)가 판을 치는 세상인 것을 생각해 볼 때, 머지않아 스펙도 소용이 없고, 일류 대학도 의미 없는 사회가 될 것입니다. 세계를 휩쓰는 방탄소년단이나 스포츠 선수들, 디자이너와 요리사들의 배경이나 학벌을 잘 살펴보시기 바랍니다. 이제는 바야흐로 전 지구촌에서 경쟁하고 살아야 하는 시대입니다. 우리끼리 작은 시장을 놓고 땅따먹기할 때가 아닙니다. 저 같은 늙은이야 이젠 해외로 나갈 능력도 없고, 젊은이들을 뒷바라지해 줄 역량도 없어 방구석에서 글이나 쓰고 있지만, 앞날이 창창한 젊은이들이 무엇이 두려워 책상 앞에서 고민한 하고 있습니까?

그래서 감히 말씀드립니다. 이런저런 눈치 보지 마시고, 장삿속에 놀아나는 유행을 무시하면서 무슨 일이든지 닥치는 대로, 세계 어디든지 헤집고 돌아다닐 수 있는 무모한 용기와 맹렬한 도전이 필요한 때입니다. 여러분은 그럴 수 있습니다. 영어만 공부하지 마시고 베트남어, 인도어, 아랍어까지 공부해 두면 곳곳에 쓸모있는 인재가 될 것입니다. 어렵다고 피하지 말고 무조건 부딪혀 보실 것을 권합니다.

평균과 보통은 싫다

튀고 싶었고, 인정받고 싶었다. 대충은 더욱 싫었다. 존경은 아니라도 욕은 먹고 싶지 않았고, 눈에 띄지 않는 보통은 싫었으며 평균은 관심거리도 아니었다. 특별한 관심을 받는 인물이 되고 싶었다. 농촌의 가난한 아들로 태어나서가 아니고, 힘없이 태어난 촌뜨기의 출세를 위한 몸부림도 아니었다. 그냥 누구에게도 무시당하고 싶지 않았고, 잘났다는 말은 듣고 싶었다.

못하거나 하기 싫은 건 아예 관심도 갖지 않았다. 그래서 바둑이나 장기, 카드놀이는 아직도 모른다. 초상집에 밤을 새

우리 가서도 고스톱을 칠 줄 몰라 구경만 하면서 술만 마셨다. 그래서 술은 세다.

자동차 공장에서 일하면서 대학입시 준비를 할 때는 아예 처음부터 영자신문 사설이나 칼럼을 읽으면서 AFKN 방송을 들었다. 대학 전공을 선택할 때 인문사회학보다는 공대가 좋았는데, 전기·기계·화공 분야보다는 생소한 컴퓨터공학(당시 電子計算學)을 택했다. 어딘가 어려운 학문일 것 같은 기대가 있었다.

직장생활을 그만두고 강의를 시작할 때 외신을 읽기 시작했다. 뉴욕타임즈와 파이낸셜타임즈, BBC, Al Jazeera 등을 찾아 읽고 들으며 번역을 시도했다. 다른 강사들과는 다른, 특별한 강사가 되고 싶었다. 2년 넘게 혼자서 번역한, 프랑스 INSEAD School에서 나온 《글로벌 코스모폴리탄》(Global Cosmopolitan)은 요즘도 가끔 뒤적이며 다시 읽는다.

외롭고 힘들거나 우울할 때는 베토벤의 피아노 소나타 '비창'이나 슈베르트의 '미완성교향곡'을 들으며 마음을 달래고, 흥겨울 땐 쇼스타코비치의 '왈츠'나 요한스트라우스 1세의 '라테츠키 행진곡'을 들었다. 해외 출장을 갈 때마다 뉴욕,

뮌헨, 파리 등지에서는 오페라와 뮤지컬을 보면서 최고의 멋을 즐겼다. 비엔나필하모니와 베를린필하모니를 비교하고, 다니엘 바렌보임과 헤르베르트 폰 카라얀의 지휘를 비교했다. 정명훈과 조수미의 하모니는 진정 예술이었다.

 강의할 때도 쉽고 재미있고 편한 강의는 하지 않는다. 아니 할 줄도 모르고, 하고 싶지도 않다. 이왕이면 어렵고 지겨운 내용이지만, 쉽고 재미있게 강의하는 방법을 선택한다. 그래서 18년간 버텨 왔지만, 앞으로도 그 마음은 변함이 없다. 유행을 따르라는 충고도 듣지만, 차라리 유행을 만드는 게 쉽다.

 이젠 유행도 믿을 수 없다. 자고 나면 바뀐다. 코로나도, 우크라이나 전쟁도, 기후 변화도 예측할 수 없다. 이 얼마나 재미있는 자연의 농간이며, 흥미로운 인류 역사인가?

행운의 신(神)을 만나는 법

추성훈 선수가 "인생은 원래 도전의 연속"이라고 말했다. 47세에 국제 유도대회에서 승리한 선수의 집요한 노력과 도전에 탄성을 지르지 않을 수 없다. 103세의 김형석 교수님은 "할 일이 있고, 사회활동을 할 수 있음이 건강의 비결"이라고 하시며 지금도 강의하고 칼럼 쓰는 걸 뵈면서 용기를 얻는다. 코로나 3년이 지나고 있으나 또한 쉽게 사라지지 않을 거라는 소식도 들린다. 인류 역사에 흑사병, 콜레라, 사스(SARS), 메르스(MERS), 신종플루 등 어떤 바이러스도 사라졌다는 증거는 없다. 90년 만에 최악이라는 캘리포니아 가뭄은 뉴스에도 올라오지 않는다. 쉽게 끝날 줄 알았던 우크라이나 전쟁도 1년이 지나면서 장기전으로 돌입할까 우려되는 때에 튀르키예에서는 지진까지 났다. '완벽한 폭풍(Perfect Storm)'이 몰아치고 있다. 이때가 바로 기회이다.

 필자는 자동차 공장에서 기능공으로 일하다가 불량을 냈다며 시말서를 쓰고 구타를 당한 후, 이런 상황을 벗어나자는 결심을 하고 새로운 도전을 했다. 금융위기가 닥쳐 IMF의 지원까지 받는 국가적 위기 상황에서 기업들이 힘들어할 때, 회사 구조조정을 한 후 명예로운 퇴직을 하고 진로를 바꾸었다.

 강의를 시작하면서 책을 쓰고, 번역을 하고, 칼럼을 쓰면서 잘 나간다고 생각할 때, 집안에 경제적인 문제가 생겼다. 가족 간에 갈등이 생기고, 형제들 간의 불화가 생겼다. 돈 문제가 완전히 해결되기도 전에 코로나가 왔다. 강의가 줄어들고, 대면 교육이 사라지고, 세미나가 취소되어 우울해지고 불안해지자 새로운 분야에 도전했다. 바로 소설 《시간의 복수》를 쓴 것이다.

 이제 또 다른 도전의 기회를 만들고 싶다. 분명한 것은 이 또한 기회라는 거다. 살아온 경험에 비추어 보거나 다른 사람들의 고통과 시련을 살펴보더라도, 개인이나 단체, 국가나 사회 모두 불안하고 힘들 때가 기회라는 거다. 그 길을 찾는 방법 중에 세 가지만 제안한다.

첫째, 고객이나 지인(知人)들 중에 힘들어하는 사람을 만나 그들을 도와주거나 함께 협력할 방안을 찾으면 된다. 그들의 고민 속에 자신이 도와줄 방법이 있고, 나 자신의 고민에 대한 해답을 그들이 가르쳐 줄지도 모른다. 서로의 이익만 먼저 생각하거나 배우려고만 하면 그들은 도와주지 않을 것이다. 우선 그들의 어려움을 해결해 주고, 함께 성장할 방안을 허심탄회하게 이야기해 보면 해답이 나올 수도 있다.

둘째는 부정적이거나 비관적인 생각을 갖지 않아야 하며, 그런 생각을 하는 사람은 만나지 않는 게 좋다. 안 된다고 생각하면 될 일도 안 될 수밖에 없다. 되지 않을 이유와 핑계만 생각하기 때문이다. 긍정적이고 낙관적으로 가능한 방법만 생각하고 궁리하면 어떤 일도 해결할 수 있다. "할 수 있다고 생각하면 할 수 있다(You can do it if you believe you can)." 나폴레옹 힐이 《쓴 성공의 법칙》(The Law of Success)의 매 장(章)마다 반복하여 강조하는 문구다.

셋째, 한계를 넘고 경계를 무너뜨려야 한다. 전공이나 학력, 나이를 따질 때가 아니다. 자신의 경험적 한계에 갇혀서 아무것도 하지 못하는 건 나약함의 핑계이다. 해보지 않은 일을 하면서 새로운 능력과 또 다른 기회를 만들어 낼 수 있는 건 행운을 잡는 일이다. 자신도 모르는 행운을 여는 '기회의 신(God of Opportunity)'이 기다리고 있을지도 모른다.

시인(詩人)으로 등단할까? 1인 영화를 만들까? 춤추는 가수가 될까? 고민 중이다. 바보들은 결심만 하고, 멍청한 사람들은 계획만 세운다.

오늘도 계획만 세울래?

 세계시민(Cosmopolitan)의 경쟁 조건

매년 1월, 스위스 다보스에서 세계경제포럼(WEF, World Economic Forum)이 열린다. 전 세계 경제학자들과 기업인은 물론, 정치인들까지 모여 친목을 다지고, 세계 경제와 정치 등에 관한 이슈(Issue)를 정해 토론하고 발표한다. 16년 전인 2004년 1월, 세계경제포럼에서는 세계시민의 조건 세 가지를 발표했다. 글로벌 경쟁을 하면서 또한 국제시민들과 협력을 하면서 살아가기 위한 조건이다.

첫째, 3개 국어 이상을 유창하게 해야 한다. 단순한 토익 성적이나 중국어 점수가 아니라 누구와도 대화할 수 있는 의

사소통 능력을 갖춰야 한다는 것이다. 국내선 비행기에서도 기차 안에서도 3~4개국어로 안내방송이 나오는 시대에 살고 있다. 유창한 외국어의 문제가 아니라, 남의 의견을 들을 줄 알고, 자신의 뜻과 의지를 전달할 줄 아는 정성을 말한다. 2,500년 전 아리스토텔레스는 수사학(修辭學)을 설명하며, 의미 있는 언어를 논리적으로 전달하고(Logos), 인간에 대한 열정과 사랑(Pathos)을 담아, 도덕과 윤리를 지킬 것(Ehtos)을 주장했다. 되지도 않는 말장난으로 사람을 우롱하거나 결과도 없는 거짓말로 국민을 기만하지 말라는 의미이다.

둘째, 생각이 다른 사람들을 아우를 수 있어야 한다. 지역에 따라, 학력에 의해, 빈부의 차이가 있다고 하여 생각이 다른 사람들을 차별하지 말 것이며, 서로 다른 주장을 들어 줄 수 있고 조정할 수 있어야 세계시민으로서의 자질과 역량을 갖출 수 있다는 뜻이다. 단결과 통합은커녕 분열과 갈등을 조장하는 리더들이 늘어나는 작금의 실태를 보면서 새삼 강조하고 싶은 조건이다. 서로 다를 수 있는 의견이나 주장을 틀렸다고 우기는 사람들이 있다. 탈북자의 생각을 우리의 시각으로 틀렸다고 하거나 다문화 시대를 살아가면서 여러 나라에서 온 사람들의 의견을 무시하는 언행을 하는 사람들은 세계시민의 자격이 없다.

셋째, 문화가 다른 사람들과도 어울릴 줄 알아야 한다. 다국적 국민과 함께 일할 줄 알고, 다양한 생각과 문화를 가진 사람들끼리 어울려 살아갈 줄 알아야 한다는 거다. 민족의 영혼과 국가의 정체성을 지키면서도 다양성과 융통성을 발휘할 줄 아는 시민을 말한다.

바야흐로, 코로나바이러스 전염병의 대유행과 우크라이나 전쟁 이후에는 글로벌 경쟁이 더욱 치열해질 것이다. 한 국가의 문화와 문명은 외형적인 경제력이나 기술만이 아니다. 기하급수적으로 증가하는 부채나 비대한 정부의 비효율성은 말할 나위도 없고, 여야가 협력해도 어려운 상황에 사소한 일에도 시비를 걸면서 상대를 깎아내리고 싸우는 일은 사라져야 한다.

지금도 세계시장에서 위세를 떨치는 분야의 리더들을 살펴보면 해답이 나온다. 글로벌 인재들과 경쟁하고 있는 K-Pop, K-Food, K-Fashion, K-Sports 등은 단순히 기량이 뛰어나고 실력이 있어서가 아니라, 그들을 움직이는 리더와 전문가들 즉, 영업사원과 마케팅 담당자, 홍보 전문가, 전략적인 정책을 담당하는 전문가 등이 서로 협력하고 이해하며 불철주야 땀을 흘리기 때문에 가능한 일이다.

교육제도의 혼란, 바로잡아야

 학생들의 취업에 도움되는 강의를 하기 위해 강의실로 들어섰다. 200여 명의 학생이 빼곡히 앉아 있었다. 둘째 줄 우측에 앉아 있는 남학생이 유난히 신경에 거슬렸다. 모자를 푹 눌러쓰고 앉은 채 앞은 바라보지도 않고, 강의는 안중에도 없었다. 좌우와 뒤쪽을 둘러보니 곳곳에 그런 학생이 있었다. 입을 벌린 채로 잠을 자는 학생도 있었다. 반항인지 포기인지 알 수 없었다.

 이런 분위기에서 강의하라고? 모든 학생을 일으켜 세워 내쫓고 싶었지만, 그렇지 않은 나머지 몇몇 학생들의 눈동자를 외면하거나 시끄러운 일을 만들고 싶지 않은 건, 행사를 주최한 학교 측이나 강의에 초대된 강사의 입장이나 마찬가지였다. 강의를 듣고 싶지 않은 학생들은 자신이 선택한 학교나 전공에 관심이 없는 건지, 학교생활이나 학습 자체를 외면하고 싶은 건지 알 수가 없다.

한 학기가 중반에 접어들어 과제를 내주었다. 과제 출제 의도와 답안 작성 형식을 알려 주며 생각과 의견을 서술하라는 가벼운 문제였다. 대부분의 학생은 열심히, 솔직하게 자신의 미래와 꿈을 이야기하면서 이를 달성하기 위한 방법과 계획을 상세히 기록하여 제출했다. 하지만 몇몇 학생들은 중고등학생들 수준에도 미치지 못할 글을 써냈는가 하면, 어떤 학생은 제출 기일이 지났다며 택배로 과제를 보내기도 하고, 억지로 베껴 쓴 과제를 밤늦게 들고 오는 학생도 있었다.

대학생들의 취업을 위한 준비 과정의 하나로 면접 실습을 했다. 질문에 답하는 내용은 앞뒤가 맞지 않았다. 면접장에 나타난 옷차림은 자유가 아닌 방종이었다. 예절에 앞서 상식을 잊고 있었다. 자기를 소개하고 미래의 꿈을 설명하는 말에는 강인한 의지와 뚜렷한 자신감을 나타내는 언어가 없었다. 막연한 단어의 조합과 이상한 용어의 나열이었다. 이해할 수 없는 몸짓과 초점을 잃은 눈동자에선 희망을 읽을 수가 없었다. 기업들이 요즘 젊은이들을 왜 외면하는지 학교는 아직 모르고 있다. 그런 현실을 아는 게 두려운 것이다. 이들을 계속 가르쳐야 하는가? 어디부터 설득하고 어디까지 타일러야 하는가? 누가 이들을 이렇게 만들었는가?

아시아에서 꼴찌를 달리는 교육과 정치, 정부 행정은 상관관계가 밀접할 수밖에 없다. 그나마 기업경영자들과 문화, 예술 그리고 일부 스포츠 선수들이 나라 체면을 살려 주고 있다. 아무 생각 없이 100분에 100문제를 풀어나가는 찍기 시험 문제, 수백 명의 학생을 한 강의실에 몰아넣은 대단위 강의, 전철과 버스 안에서 졸며 자며 서너 시간을 통학하는 학생들. 병들어 죽어가는 교육 현장에서는 직업교육 이전에 필요한 교육이 시들어가고 있었다. 이런 환경에서 어떻게 아름답고 미래지향적인 글을 쓸 수 있을 것인가.

인간 본연의 철학과 역사를 포함한 인문학은 이공계 기피와 함께 모두 쓰레기통에서 썩어가고 있다. 그나마 엘리트의 일부는 50~60년 전의 고시(考試)에 목매달고 있고, 대학생마다 공무원 시험을 준비하고 있다. 이 나라 백년대계(百年大計)의 근본이 되는 인간교육은 포기했단 말인가?

교육제도의 총체적 혼란을 바로잡을 정책을 수립하여 과감히 시행할 것을 각 정당과 국가, 정부 관계 부처에 강력히 촉구한다.

강자(强者)들과 경쟁하라

 누구와도 경쟁하지 않으면 아니, 경쟁 자체가 없으면 편하다. 저녁에 혼자 운동장을 돌 때는 마음대로 달리면 된다. 뛰다가 쉬어도 되고, 다른 길로 가도 되고, 싫으면 그만둬도 된다. 지구상에 혼자 살고 있다면 멋을 내지 않아도 되고, 공부하지 않아도 된다. 깊은 숲속에서 혼자 살 수 있다면 화려한 생활이 의미가 없다. 자신과의 경쟁도 있지만, 그 의미는 약하다. 그러나 누군가와 경쟁을 하려면 힘들다. 경쟁하는 것 자체가 스트레스다. 서너 명이 모여 달리기를 하거나 낚시할 때도 부담된다.

골프를 치거나 족구할 때도 내기를 하면 스트레스를 받고 긴장도 된다. 전 세계의 최고 선수들과 경쟁하는 골프 선수들과 월드컵에서 우승을 겨루는 축구 선수들은 얼마나 힘들까? 세계인들이 보는 바둑대회에서 한 알, 한 알 바둑알을 놓는 치밀함에는 얼마나 긴장된 땀방울의 끈이 이어질까? 0.001초를 다투는 100m 단거리 육상경기에서 1등과 2등의 차이를 줄이기 위한 노력을 얼마나 하는지 선수가 아니면 알 수 없다.

글로벌 시장에서 수백억, 수천억 원의 수익을 놓고 입찰에 도전하고, 작은 상품 한 가지를 팔아 전 세계 시장을 석권하는 사업가들, 보이지 않는 연구실에서 밤새워 개발한 기술로 지구촌에서 경쟁하는 연구원들의 땀과 눈물의 가치를 상상할 수 있는가?

경쟁 없이 편하게 살고 싶고, 혼자 만족을 느끼면서 살고 싶지만, 강자들과 경쟁하면 좋은 점이 많다.

첫째, 경쟁하면 강해진다. 뭐든지 열심히 한다. 더 노력하고자 애쓴다. 가족이나 친구들끼리 시합을 할 때도 지기 싫어하는 근성이 나타난다. 경쟁을 통해 조직력도 강화된다. 본래의 자질이나 역량보다 더욱 강한 의지와 기량이 발휘된다. 기대 이상의 결과를 얻을 수 있다.

둘째, 제한적인 사고(思考)를 뛰어넘으며 정해진 행동의 한계를 초월할 수 있다. 누군가의 기대를 충족시켜 주기 위해 평소 하던 것과 다른 노력을 기울이기도 하고, 일상적인 습관이나 태도를 고쳐가면서 더욱 나은 결과를 보여주기 위해 노력하게 된다. 자신도 몰랐던 역량이 발휘되고, 감추어진 재능이 나타나기도 한다.

셋째, 목표가 높아지고 목적이 명확해진다. 경쟁을 통해 강해지고, 자기 제한적이었던 역량을 발휘하는 과정에서 원했던 것 이상의 성과를 얻게 되면 자신감이 생긴다. 용기를 얻어 또 다른 목표를 설정하면, 그 목표를 달성해야 하는 이유 즉, 목적이 달라진다. 먹고 살기 위해 열심히 일하다 보면, 그 일의 가치를 느끼게 되고, 또 다른 기회를 찾아가고 싶은 호기심이 생긴다. 자신도 모르게 눈이 높아지고, 목적이 분명해진다.

넷째, 고객의 만족을 이끌어 내면서 한 단계씩 발전하게 된다. 자신의 성과가 곧 고객을 만족시켜 주는 것임을 깨닫게 되고, 한 단계의 발전이 그다음 단계의 기초가 된다는 것을 알게 된다. 자꾸 욕심이 생기고 호기심이 강해진다. 고객의 욕구를 채워주고 싶어진다. 고객이 기뻐하고 고마워하는 것에 대해 의미를 부여한다. 자신의 가치와 노력의 성과를 고객으로부터 느끼고 깨닫는다. 소득과 재력의 만족 이상의 가치를 발견하게 된다. 자신의 존재 이유와 노력의 목적을 깨닫게 된다. 그래서 경쟁이 필요하다.

최근 일부 공공기관이나 대학, 시민단체 등에서 강한 경쟁을 밀어붙이는 리더들이 있다. 반발도 생기고 불만도 있지만, 조직이 강해지는 것은 물론, 사회 발전과 국가 경쟁력 강화를 위한 시작의 씨앗이 된다. 변화와 혁신을 거부하면서 경쟁을 두려워하는 조직이나 개인은 시간이 지날수록 자신감을 잃고 나약해진다. 국민의 세금에 기대어 하기 싫은 일을 억지로 하거나, 시키는 일만 대충대충 하며 하루하루를 버티면서 시간과 일생을 때우는 모습은 불쌍하다.

이왕 경쟁하는 거라면 강자(强者)들과 경쟁할 필요가 있다. 기업이나 기술, 스포츠, 예술 등 거의 모든 분야에서 한국이 세계적으로 강한 이유는 주변에 강대국들이 있기 때문이다. 주변에 약한 나라들만 있다면 비교하거나 경쟁할 필요를 느끼지 않고, 긴장하지 않아도 되기 때문에 강한 나라가 될 수 없다. 세계 인구 30%를 차지하는 미국, 중국, 일본, 러시아 등에 둘러싸여 있고, 강자들과 경쟁을 해야 하기 때문에 약해질 수 없다. 그래서 강자들과 경쟁해야 한다.

자신의 등급을 높이자

언어의 수준과 말의 품격은
그 나라의 문화 수준을 나타낸다.

N-Job'er 맞아요?

- 도대체, 당신 뭐 하는 사람이요?
- 보면 모르겠소? 나도 내가 뭘 하는지 모르겠소이다.

- 직업이 뭐냐 말이오.
- 그게 뭐 중요합니까? 그냥 살면 되지.

- 그게 아니라, 진짜 궁금해서 그렇소이다.
- 그게 뭐가 궁금하오? 당신 일이나 잘하소.

♟ 정말 알 수 없는 사람이군.

♟ 정말 답답한 사람이고, 개념도 없군.

강의하고 글 쓰고, 인생 상담하고, 직업 코칭하고,

칼럼 쓰고, 에세이 쓰고, 글쓰기 도와주고,

인재 선발 채용할 때 면접 봐 주고,

기업 심사 평가하고, 책 읽고, 신문 읽고, 서평하고,

설거지하고, 세탁기 돌리고, 빨래 널고 개고,

청소하고, 쓰레기 버리고,

신발 정리하고, 책장 정리하고, 가끔 그릇도 깨고….

저 같은 사람을 'N-Job'er'라고 합니다.

그녀들이 행복한 이유

"아침에 눈뜰 수 있고, 눈뜨면 남편이 곁에 있고 가족이 있는 것에 감사하다. 내가 할 수 있는 것을 할 수 있어서, 지켜야 하고 보호해야 할 가족이 있어서, 세상을 살아볼 만해서, 지금, 건강하고 이런 강의 들을 수 있어서. 아프지 않아서, 내가 소중하니까, 봄이 와서 꽃들을 보고, 기다리는 사람이 있어서, 내가 행복해야 모두가 행복하니까, 건강히 살아 있어서, 그동안 열심히 일했으니까, 시어머니와 32년 살면서 자유가 없었는데, 이젠 자유를 원하고 행복해지고 싶다, 내가 할 수 있는 일이 있고, 할 일이 있어서 행복할 것 같다, 가난에서 벗어나 여유롭게 살고 있다, 두 자녀를 두었는데 모두 결혼하고 자녀까지 낳아서, 다들 건강해서 다복했으면 좋겠다. 별일 없고, 좋은 계절이라서 행복하다, 나를 원하는 곳이 있고, 나를 찾는 이가 있다, 하루하루의 삶이 나에게 주어진 대로 최선을 다하여 살아갈 수 있음에 감사하고 행복하다."

위의 글은 경기도 어느 도시의 여성단체 임원들을 모시고 강의하면서 설문서를 받은 것 중 한 가지 예이다. 혹시 부담 될까 하여 무기명으로 작성토록 했는데, 참석자 전원이 잘 써 주었다. 꾸밈없이 진솔하고 솔직하게, 아주 가까운 삶의 느낌으로 현재 행복한 이유를 적어 주었다. 그들 앞에서 강의하고, 발표한 분에게 책을 선물하고, 또 다른 질문을 받고 의견을 주고받는 시간은 정말 행복했다.

코로나 3년 차에 우크라이나 전쟁까지 겹치는 '완벽한 폭풍의 시대(Perfect Storm)'에도 불구하고 아니, 그런 어려운 상황일수록 더욱 더 강해지기 위해 그들은 함께 공부하고 토론하고 발표하면서, 서로 위로하고, 격려하면서 강해져야 할 미래를 꿈꾸고 있었다.

요즘은 너나 할 것 없이 우울하고 불안한 상황이라 작은 병 치레에도 금방 중증(重症)이 나타나기 쉽다고 한다. 작은 일에도 쉽게 분노하고, 어설픈 관계에서도 서운하게 느낄 수 있는 '정신적 건강의 위기(Mental Health Crisis)'라고 하지만, 그럴수록 더욱 깊이 있고 수준 높은 교육이 필요하다는 걸 깨닫고 공감하는 시간이었다.

 ## 포기하고 싶을 때

"힘들어서 포기하고 싶었던 때, 어떻게 극복했습니까?"
"강사님은 정말 행복한가요? 언제 가장 행복한가요?"
"강사님 인생의 최종 목표는 무엇인가요?"

18년 동안 강의하면서 가장 많이 받는 질문들이다. 60년 넘게 살아오면서 힘든 적이 어디 한두 번이었겠냐만, 지나고 보니 그 힘든 시절들이 아름다운 추억일 수도 있고, 다시 생각하고 싶지 않은 악몽일 수도 있다. 지금도 풍요롭고 안락한 삶은 아닌 듯하고, 간혹 쫓기는 듯한 긴장과 불안이 엄습하지만, 이제는 어느 정도 내려놓고 살 준비도 되었으니 견딜만하다.

 강의하기 전, 20년 정도 직장생활을 할 때도, 누구나 그러하듯이 결코 쉽지 않았다. 자동차 공장을 다니며 대학입시 공부를 했는데 1차에서 떨어지고, 2년째 또 떨어졌을 때 창피하고 부끄러웠다. 반장과 공장장에게 차례대로 불려가 잔소리 듣고, 영등포 시장 뒷골목에서 주먹들과 싸울 때는 정말 누구 한 명 죽일 수도 있을 것 같았다.

 IMF 때 회사를 나와 방황하면서 무엇을 해야 좋을지 몰라 날마다 등산하며 청계산, 관악산 밑에서 술에 전 옷을 뒤집어 입고 집으로 들어오기도 했다. 그럴 때마다 결심하고 각오했다. "결코 이것이 내 인생의 끝은 아닐 거다. 두고 보자"라고 중얼거리며 술잔에 대고 욕을 하기도 했다.

 그런 와중에도 행복은 놓칠 수 없었다. 수시로 느낄 수 있는 행복은 역시 음악과 책 그리고 커피였다. 슈베르트의 '겨울 나그네'나 바흐의 '무반주 첼로 조곡'을 들으며 마음을 달래고, 반 룬의 《예술의 역사》와 쇼펜하우어의 《의지와 표상으로서의 세계》, 니체의 《짜라투스트라는 이렇게 말했다》를 읽으며 감정을 가다듬었다.

카페 모카를 마시며 듣는 파가니니의 '라 캄파넬라'는 바이올린 악보의 최악이라고 하지만, 그럼에도 불구하고 최고의 감성을 일깨우는 선율이었다. 포항과 여수, 대전을 거쳐 강릉까지 다녀오는 1,250km의 사나흘 강의 여행은 또 다른 축복이었으며, "내 글을 세 명만 읽어 준다면 행복하겠다"는 어느 시인의 글(《작가라서》 파리 리뷰 刊)을 읽으며 위로받을 수 있었다.

 남은 인생의 목표나 목적이 뭐냐고 묻는다면, 역사에 남을 만한 강사, 최고의 멋진 글을 쓰는 작가로 기억되기를 바란다. 단 몇 명이라도 응원해 주고 공감하는 강의와 글이라면 부러울 게 없다는 생각이다. 에피쿠로스학파의 철학자들이 이야기했듯이 "살아 있는 동안은 죽음을 알지 못하니 죽음을 이야기하지 말 것이며, 죽은 다음에는 죽음을 이야기할 수 없으니 인간이 죽음을 말하고 논한다는 게 얼마나 무의미한 일인가?"라는 주장에 적극 공감하고 동의한다.

 그래서 죽는 날까지 철부지로 살고 싶은 욕망은 변함이 없으며, 행복하게 살기 위해 불행하지 않도록 멍청하게 살기로 결심했다. 좀 부족하더라도, 좀 심한 욕을 먹더라도, 검찰에

끌려가 조사받을 일을 하지 않거나, 홀로 머물러야 하는 독방에 가두어 둘 사람이 없음에 만족하면서 돼지보다 낫고, 강아지보다 나은 삶을 살 것을 약속한다.

하마터면 놓칠 뻔한 것들

오래된 신문을 쓰레기통에 그냥 버리려고 하다가 몇 장 뒤적였다. 세상에서 가장 좋은 책을 소개하는 기사가 실려서 상세히 읽어 본 후 감동받고, 다음 날 그 책을 샀다. 그 책을 읽지 않았더라면 큰일 날 뻔했다. 내 인생을 바꿔준 버지니아 울프의 《어느 작가의 일기》다. 그때부터 다시 신문을 정기구독하면서 좋은 기사와 칼럼을 모아둔다.

명동성당 옆길을 걷다가 들리는 음악이 왠지 예사롭지 않았다. 레코드 판매점에 들어가서 곡의 이름을 묻고, 레코드판(LP)을 사 들고 오면서 흥얼거렸다. 그때부터 클래식에 빠졌다. 쇼팽, 모차르트, 베토벤, 차이콥스키 등을 날마다 들으며 코로나를 이겨내고 있다. 정서적 안정과 감정을 정리하는 데 클래식만큼 좋은 게 없다. 멀리 강의하러 갈 때마다 CD를 골라 담고, 다양한 음악을 들으며 산과 바다를 돌아오면 너무 행복하다.

"이걸 일이라고 꼭 해야 하나?"

"그 사람을 꼭 만나야 하나?"

가지 않은 길을 가면서 두렵고 힘들 때가 있다. 해보지 않은 일을 하게 될 때, 낯선 사람을 만날 때, 그럴 때마다 우리는 고민하고 갈등한다. 살까 말까 망설이는 물건만 사지 말고, 사람은 만나 보고, 길은 가 보라고 했다.

우연히 만난 사람이 사기 치고 도망가기도 하지만, 착하고 성실한 사람을 만나 도움받고 서로 힘을 합해 큰 성과를 내기도 한다. 최근 코로나바이러스로 인해 많은 사람이 활동에 제약을 받고, 강의와 교육이 줄어서 난리 치는 와중에서 인터넷을 통해 밤이나 낮이나, 휴일이나 주말에도 모여서 공부하는 사람들이 있다. 모르는 사람들끼리 인사하고 토론하며, 책을 읽고 강의를 듣는다. 그러면서 또 다른 기회를 만들기도 한다.

 무엇을 해야 할지 몰라서 방황하다가 더 이상 견딜 수 없어 포기하려는 순간 떠오른 게 여행이었다. 미국까지 날아가 라스베이거스 북쪽, 죽음의 계곡(Death Valley)을 달리며 잡념에 잠겼다가 우연히 들른 서점에서 책 한 권을 사 들고 와서 며칠 동안 밑줄 치고 읽으며 다시 한번 기회를 얻을 수 있겠다는 희망을 그려 보았다. 그리고 20년 가까이 그 책에서 새로운 가치와 기회를 찾았다.

 지금 우리는 고민하고 갈등하며, 어떻게 생존할 것인가를 걱정하고 있다. 일부 잘 나가는 기업가나 돈 많은 사업가, 든든한 백이 있는 고위 공직자를 제외하고, 필자를 포함한 서민들 대다수는 막연히 하늘만 바라보고 있을 것이다. 그러나 신(神)은 인간을 그냥 버리지 않는다. 노력하고 연구하며 살길을 찾는 자에게는 반드시 길을 열어 주고 기회를 준다. 시험에 들게 하기도 하고, 시련을 주면서 재기와 희망의 끈을 내어 준다. 이에 대한 성공 여부는 본인의 노력과 정성에 달려 있다. 그건 땀과 눈물 그리고 핏방울까지 흘려야 하는 슬픔도 겪어야 할지 모른다. 거기서 멈추지 않으면 된다. 뭐든지.

"살아남은 자에게 어떻게 살아남았느냐고 묻지 마."('죽음의 수용소에서', 빅터 프랭클 著)

시체 더미 옆에서 인육(人肉)을 끓여 먹는 동료 죄수를 바라보면서 프랭클이 한 말이다.

행복을 위한 혁신 전략

"창조적 혁신, 파괴적 혁신, 지속적 혁신, 효율적 혁신, 제품의 혁신, 과정의 혁신, 시장의 혁신, 조직의 혁신, 인간의 혁신, 구조적 혁신, 위치의 혁신, 패러다임의 혁신"(유한식 박사 논문, '기업혁신이 지속 가능 경쟁 우위와 경영 성과에 미치는 영향'/ 2017. 12. 참조)

이렇게 많은 혁신의 종류가 있는 줄 상상도 못 했다. 기업 조직의 경우에는 각 과정이나 상황에 따라 다양한 혁신을 추구하고, 경영자의 의지와 관리자의 역량에 따라 제품과 시장을 바꾸고, 생존 전략을 바꾸기도 한다. 업종에 따라 또는 부서별로 여러 가지 전략을 섞어서 활용하는 방법도 있을 것이다.

그러나 개개인의 삶이나 생활에서는 이렇게 많은 혁신 전략을 활용하고 적용한다는 게 쉽지 않을 것이다. 예를 들면, 필자와 같이 전공을 7~8개씩 바꾸며 좌충우돌하는 과정에서 단맛·쓴맛 다 보면서 제멋대로 사는 인생도 재미있을 듯하고, 어느 가수처럼 갑자기 화가가 된다거나, 피아니스트 겸 예술대학 총장님처럼 은퇴 후에 소설을 쓴다는 일은 위의 여러 가지 혁신을 골고루 포함한다고 볼 수 있다.

의대를 나와 의과대학 교수로 살다가 컴퓨터 바이러스 연구소를 만들고 다시 정치계로 입문하는 분도 있고, 평생을 법관으로 살다가 정치계로 가서 별로 빛을 보지 못하고 후회하는 분도 있다.

원치 않은 상황이 닥쳐서 갑자기 고생하기도 하고, 친구에게 사기를 당해 억울할 때도 있고, 이상한 고객의 제안에 속아서 울분을 터뜨리기도 하지만, 죽지 않을 만큼의 시련을 견디고 버티는 것도 중요한 능력 즉, '역경지수(Adversity Quotient)'라고 한다.

어쩌다가 운이 좋아 뉴욕으로 해외연수를 가기도 하고, 신입사원들 데리고 유럽으로 한 달 동안 여행한 적도 있으며, 책을 쓴다고 하다가 번역하고 소설까지 쓰기도 했지만, 남들처럼 아니 돈 많은 부자들처럼 펑펑 쓴 적도 없으니 아마도 딱, 거기까지인 듯하다. 그런데도 아직은 기회가 더 있을 거라고 호기를 부리며 건강하게 살아갈 수 있는 용기가 필요할 때다.

클래스가 다른 사람들

"1등석이나 2등석에 앉는 사람들은 대부분 책을 읽는다. 3등석에 앉는 사람들은 잠을 자거나 스마트폰만 본다."

항공사에서 오랫동안 근무한 분의 말을 들으며 떠오르는 사람이 있다.

공무원 생활을 오래 한 분이 최근 국제기구 임원으로 옮긴 후, 스스로 부족함을 깨닫고 공부하겠다는 생각을 했단다. 인터넷에서 우연히 필자를 찾아 영어 강의하는 법을 배우고 싶다는 거였다. 개인적인 비용을 들여 코칭(Coaching)을 받고 싶다는 분을 몇 번 만나면서 더 많은 걸 느끼고 배웠다.

'우리나라 공무원이 모두 이런 자세를 갖추었다면?' 하는 생각이 들었다.

올해 초, 현직에 있는 한 후배가 대학원 박사과정에 입학했다. 40대 중반에 석사과정을 마친 그 후배는 곧이어 박사과정에 들어갔다. 학비도 적지 않게 들 텐데, 매주 두세 번씩 먼 곳에 있는 학교에 간다고 한다. 최근에는 또 멋진 에세이집을 출간했다. 공부하고 글 쓰고, 열심히 사업하는 그분의 앞날이 궁금하다.

공부하고 책을 읽으며 쌓은 지식과 경험에 지혜를 더하면서 살아가는 주변 사람들을 보면서 비교되는 사람들이 있다. 자신의 부정부패는 물론 가족들의 비리와 옳지 않은 언행으로 인해 검찰 조사를 받고 수시로 신문에 오르내리는 걸 보면, 인간의 존재 방식과 가치관에 이렇게 큰 차이가 있는지 궁금할 따름이다.

공짜 점심은 없다

🧑 너는 어떻게 나한테 그럴 수 있니? 동지끼리.

🧑 알아, 네 마음. 그렇지만 내가 너에게 왜 그러는지 네가 더 잘 알잖아.
우정, 친구, 동지? 그건 좋을 때 얘기하는 거야.
있을 때 하는 얘기지.

🧑 그래? 그래도 그렇지. 어떻게 그렇게까지?

🧑 넌 내가 그렇게 우습게 보였니? 두고 봐.
나는 더 무서워질 거야. '돈과 권력'만 생각할 거니까.

👤 그렇게 말하면서 거짓말을 한 사람들 많지.

👤 권력자들에겐 '더 심한 거짓말'도 필요할 수 있어.
그건 죄인들, 본인들이 알 거야. 내가 왜 그러는지.

👤 '자유민주주의'에서 그러면 안 되잖아?

👤 너희들이 '자유'는 뺐잖아? 자유는 공짜가 아니야.
거기엔 의무와 책임, 사명도 있는 거야.

👤 공짜 점심은 없어. 바보야!
아직도 모르겠으면, '동물의 세계'를 잘 봐.

교양인의 일하는 방식

 독일 메르켈 전 총리는 16년간 장기 집권하는 동안 직접 시장에 가서 찬거리를 사고, 퇴근길의 옷은 자유롭게 입은 것으로 알려져 있다. 오바마 대통령이 집무실을 정리하고 책상과 책꽂이를 청소한 후, 가방을 들고 나오는 뉴스를 보고 감동받은 적이 있다. 비서진도 있고, 운전사도 있지만, 이들은 공적인 업무만 지시하고 명령에 따른다. 필자도 직장생활을 할 때, 관리자 직책에 있으면서 업무시간 이외에는 직원들이 있어도 복사와 서류 작성은 직접 했다.

 관사에서 직원(공무원)들이 도지사를 돕는다는 게 당연한 듯이 말씀하신 분이 있는데 이는 옳지 않다고 본다. 공(公)과 사(私)를 구분하지 못하는 건 법을 따지기 전에 리더의 교양과 지성인의 품격을 말해 준다.

여느 때와 같이 강남역 근처에서 오전 미팅을 마치고 나오자마자 다음 약속 시각에 맞추고자 서점에 들러 외신을 사 들고 커피숍으로 간다. 영국에서 보는 세계적 관점과 미국에서 평가하는 정치와 언론, 사회의 이슈들이 폭넓게 다루어지고 있는 걸 본다.

한국은 국내 사건에 대해서도 제각기 다른 관점에서 평가하고, 서로 다른 의견을 수용하지 못해 다툼을 벌이고 있는 듯하다. 한국도 이제 정치와 언론에 대해 다른 관점에서 조명하고, 국가 경제와 안보에 대해서도 대승적 차원에서 재검토해야 할 때가 왔다. 보다 폭넓고 미래지향적인 식견과 관점을 갖고 국민을 통치하면서, 안보와 교육, 경제활동을 점검해야 한다고 생각한다.

평생을 아프리카에 가서 진료하다가 돌아가신 의사가 있고, 25년씩 아프리카 어린이들을 가르치고 돌보시는 원불교 교무님도 계신다. 명동에서 구두를 고치는 할아버지는 전남대학교에 12억 원을 기부했고, 해장국을 팔아 모은 돈으로 수억 원을 기부하는 할머니도 계신다. 일본과의 거래에서 생긴 돈으로 포항공대를 설립한 포스코 박태준 회장은 돌아가실 때쯤 병원비가 없어서 따님의 도움을 받았다고 한다. 빛바랜 박태준 회장의 사진을 보면 너무 고맙고 감사하다. 새해가 된 지 한달이 지났는데 수첩을 챙겼다가 주시는 포스코 교육팀장에게 고맙다고 인사하면서 가슴이 뛰었다.

관용차를 제 차처럼 쓰고, 공무원을 사적인 일로 부려먹고, 법인카드를 제멋대로 쓰는 고위 공직자가 한두 명이 아닌 듯하다. 어떻게 그런 인생을 살면서 '정의와 공정'을 외치는지 이해할 수 없다. 친구 돈은 갚지 못해도 신호 위반 딱지가 날아오면 가슴이 벌렁거리고, 속도위반 딱지를 받으면 창피해서 벌금 3~4만 원을 얼른 내곤 했는데, 그렇게 미안해할 필요가 없다는 것을 깨달았다. 법이 옳다고 믿거나 사회가 공정하다고 믿는 게 얼마나 어리석은 일인지, 모든 공무원이 열심히 일한다고 칭찬하는 게 얼마나 헛된 거짓말인지, 요즘 새삼 깨닫고 있다.

말의 무게와 언어의 품격

"무슨 말부터 시작할까?" 강의를 시작할 때나 공식적인 모임에 가서 인사말을 꺼낼 때 고민한다. 첫마디의 단어와 문장이 쉽지 않다. 2~3분의 스피치를 위해 일주일 동안 고민하고 걸러낸다. 어려운 자리가 아니더라도, 단 한마디의 말을 건네는 자리라도, 듣는 사람들의 입장을 고려해야 하기 때문이다.

최근에 사회 지도층에 있는 이들의 비리와 부정을 보면서, 또는 그들의 말의 수준과 언어의 표현을 보면서 한심한 생각이 들 때가 많다. 좋은 대학을 나와서 고위직에 오른 그들의 입에서 나오는 어휘가 고작 그 수준인가 생각하다가 갑자기

자괴감이 든다. 국민들이 저런 수준의 말과 글을 대하고 살아야 하는가 하는 불편함을 감출 수 없다.

고대 철학자 키케로는 "당신의 입에서 나오는 말의 무게를 저울에 달아 보라"고 했다. 말과 글은 단순히 언변(言辯)이나 말재주, 글솜씨가 아니다. 그런 단어가 튀어나오고, 저런 글귀가 생각나는 것은 그 사람의 교양과 품성, 품격 등이 한데 어우러져 나타나는 문화와 교양의 수준이다. 한마디 말에도 상처받고, 한 줄의 글에도 인생을 바꾸어 주는 힘이 있다.

그래서 고대 철학자 아리스토텔레스는 자신의 주장과 의견을 표현하기 위해 논리와 이성, 상대방 또는 청중의 마음과 감정을 헤아리는 배려 그리고 도덕과 윤리에 어긋남이 없는 철학, 이 세 가지가 균형을 이루어야 한다고 '수사학'의 중요성을 설파했다. 굳이 정치나 법조계, 언론인들만이 문법학을 공부하고, 수사학을 연구하라는 뜻이 아니다. 평소의 삶과 인생에 있어서 또는 대인관계 등에 있어서 가장 중요한 그리고 곳곳에서 문제되고 있는 의사소통(커뮤니케이션) 능력과 자질은 결국 언어의 수준이다. 오스트리아의 철학자 비트겐슈타인은 "언어의 세계가 그 사람의 세계"라고 했다.

최근 어느 방송을 듣고 보고 있노라면, 짜증을 넘어 분노가 치민다. 도저히 그 자리에서 표현할 수 없는 수준의 막말과 앞뒤가 맞지 않은 어휘들을 마구 쏟아내기 때문이다. 시청자들을 우습게 보거나 무시하는 것임을 알 수 있다. 언어 또는 의사소통의 전문가들이 모여 있는 방송과 신문에서 해서는 안 되는 말과 글이 쏟아지고, 개그와 유머라는 이유로 틀린 글자와 오류투성이의 문장들이 춤추고 있는 걸 보노라면, 시청자들에게 미칠 영향을 우려하지 않을 수 없다. 매끄럽게 꾸미라는 말이 아니다. 되지도 않는 말과 글에 기름 치고 윤기 나게 해야 한다는 게 아니라, 적어도 부정적이고 비관적인 생각이 들지 않는 언어를 구사(驅使)해야 하며, 시청자들의 마음에 상처 주는 어휘는 되도록 삼가야 할 것이다.

생각 없이 내뱉는 언어는 그 개인의 수준을 좌우할 뿐 아니라, 국민의 정서와 삶에 영향을 미치기 때문이다. 특히, 정치와 언론은 물론, 고위 공직에 있는 리더들의 말과 글은 조심해서 써야 할 일이다.

사회 지도층에 있는 사람들은 절대로 천박한 언어를 쓰지 말아야 한다. 그건 선택의 문제가 아니라, 리더로서 갖추어야 할 사명이며 의무다. 그냥 재미있게 웃기려 한다고 해서 웃어넘길 일이 아니다. 5천만 국민의 생활에 영향을 미치는 정치인들이나 언론에서 쓰레기 같은 말과 글을 마구잡이로 쏟아내는 것은 실수나 오류가 아니라 죄악이다. 말재주가 없거나 글솜씨가 없는 리더는 그 자리에 있을 자격이 없다. 시민들은 그런 언행을 하는 사람들을 구별하고 기억해 둘 의무도 있다. 언어의 수준과 말의 품격은 그 나라의 문화 수준을 나타내기 때문이다.

 자랑하고 싶은 한국 문화

"한국의 전통 음료(막걸리, Makgeolli)는 한국인들의 코로나 봉쇄를 약화시켜 주고 있다."(An ancient drink eases South Korean lockdowns. 뉴욕타임즈 2022. 1. 26.)

"샌프란시스코 교향악단의 비올리스트 데이비드 김, 인종차별이 계속 거론되는 곳에서의 앙상블"(Ensembles where racism is said to persist. David Kim, a violist in the San Francisco Symphony, 뉴욕타임즈, 2021. 12. 3.)

"한국은 어떻게 문화 강국이 되었는가?"(How South Korea became a cultural powerhouse. 뉴욕타임즈, 2021. 11. 6.)

위 기사 내용은 최근 뉴욕타임즈 1면에 실린 한국의 소식들이다. 필자가 특별히, 뉴욕타임즈를 좋아하거나 칭송하는 건 아니지만, 세계적으로 명성이 있는 외신이라고 생각한다. 노벨경제학상을 받은 폴 크루그먼(Paul Krugman), 퓰리처상을 받은 토머스 프리드만(Thomas Friedman) 등 세계적인 석학들이 칼럼을 쓰고 있다.

그런 신문이 날마다 1면 톱기사를 골라 대서특필할 때는 그만한 가치와 의미가 있기 때문이다. 세계에서 발생하는 사건의 비중을 고민하고 신중히 검토하면서 기사를 싣는다고 생각한다.

최근 몇 년간 수시로 '한국 관련 기사가 1면에 또는 전면으로 실린 내용들' 예를 들면, '미나리와 윤여정', '오징어 게임', '방탄소년단의 성공 신화' 등을 상세히 읽으면서 매우 기뻤다. 뉴욕타임즈뿐만 아니라 런던에서 발행되는 Financial Times, 중동 카타르의 Al Jazeera 등에 실리는 한국의 산업 발전 즉, 삼성반도체의 동향, LG 배터리의 영향력, 세계 자동화 공장의 모델 포스코의 AI Factory 등에 관한 기사들을 읽으면서 행복했다.

한국의 기술 산업 발전은 물론, 문화와 예술, 스포츠 등 모든 면에서 골고루 국제적인 위상을 높여 주고, 글로벌 경쟁력에서 우위를 점하고 있음을 증명하는 현상이라 생각한다. 그런 현장에서 일하는 기능공에서부터 현장관리자들, 영화 제작을 위해 애쓰는 카메라맨과 PD 등 모든 분에게 감사할 뿐이다.

물론, 간혹 좋지 않은 기사가 실릴 때도 있다. 지도층의 성폭력이나 자살 등에 관한 기사도 중요한 사건으로 실린 경우도 있다. 가끔 북한의 미사일 발사나 한국 지도층의 부정이나 비리 등에 관한 기사를 대할 때면 안타까운 생각도 든다.

한국의 언론은 이런 외신들의 흐름을 배우거나 냉정한 평가 의견 및 구체적 사실조차 보도하지 않을 뿐만 아니라, 왜곡된 통계로 장난치는 걸 보면서 외면하고 싶을 때가 많다. 차라리 조용히나 있든지.

50억 원 없어도 행복한 이유

정말 지독하게 힘든 상황도 겪어 보았고, 상류 사회의 사람들과 어울리며 즐긴 시절도 있었다. 진짜 행복한 게 무슨 뜻인지 아직도 모르지만, 적어도 누군가를 죽인 적은 없고, 가슴에 피멍 들게 한 적 없으며, 가끔 욕을 먹고 비난도 받지만 검찰의 조사를 받거나 교도소에 갈 일을 한 적은 없다.

힘들고 괴로운 적도 종종 있지만, 그래도 때때로 행복하다고 느끼는 것은 슈베르트와 베토벤의 피아노협주곡을 듣거나 파가니니와 브람스의 바이올린 협주곡을 들을 수 있고 모차르트의 클라리넷 협주곡을 들으며 이런 글을 쓸 수 있다는 건 정말 탁월한 기쁨이다. 특히 멘델스존의 '바이올린협주곡'을 듣거나 바흐의 '무반주 첼로 독주'를 들을 때는 만족을 넘어 희열을 느끼기도 한다. 축복받을 일이다.

20대 초반에 사랑하는 여인에게 차마 말하지 못한 마음을 음악으로 표현하며 최고의 피아노곡을 작곡한 피아노의 시인 쇼팽의 '피아노협주곡 1번과 2번'을 들을 때면, 그 순서가 바뀌었다고 해도, 그게 무슨 대수랴? 두 곡 모두 2악장으로 넘어갈 때는 화장실 가는 것도 아까운 것을.

마르쿠스 아우렐리우스의 《행복론》을 읽으며, 불행하지 않음을 느낄 수 있음은 또 다른 행복이고, 반 룬이 지은 역작 《예술의 역사》를 두 번째 읽는 즐거움은 인간의 이해를 넘어 예술의 향기가 발생한 원천을 찾을 수 있어 기뻤다. 80여 년 전, 나폴레옹 힐이 20년 동안 연구해서 쓴 책《성공의 법칙》(Law of Success)을 원서로 두 번, 번역서로 두 번을 읽었다는 사실만으로도 성공한 인생인 듯한 기분이다.

어쩌다 쓴 책이 3쇄를 찍었다는 소식을 듣거나, 신문에 쓴 칼럼이 독자들의 인기를 얻어 높은 순위에 오를 때는 기쁨과 즐거움이 동시에 겹치는 느낌이 든다. 잊은 지 오래된 친구로부터 전화가 오거나, 책을 읽은 독자로부터 메일을 받을 때, 강의 듣는 학생으로부터 고맙다는 문자가 올 때는 정말 고맙고 감사하다.

박사학위도 없이 대학 강의를 18년간 하면서 학생들에게 늘 미안하고 부끄러웠지만, 그래서 더욱 열심히 부족함을 채우려고 애를 썼다. 간혹 학생들의 불만이 있거나 독자들의 비판적 평가가 있을 때는 즉시 사과하면서 보완하고 개선하는 모습을 보이고, 창피스러운 현장을 도망가거나 외면하지 않았다. 잘못을 인정하면서 고마움을 전했다.

이런 삶의 방식이나 존재의 형식이 돈 많은 부자이면서 권력까지 겸비한 사람들에게는 우습게 보이겠지만, 가난하고 여린 내 친구들은 충분히 이해해 주리라 믿는다.

기쁨과 행복의 순간을 만끽하세요

아침 일찍 고속도로에 들어선다. 얕은 산기슭 동쪽에서 눈부신 햇살이 쏟아진다. 붉게 타오르는 태양 빛에 내 몸이 뜨거워지는 것 같다. 오늘도 나는 저 붉은 태양열을 받으며 '또다시 꿈꾸는 삶'을 즐길 수 있다. 여수와 경주, 포항과 장성으로 오르내리며 강의를 하러 다니면서 내 직업이 운전기사인지 강사인지 모를 때가 있다. 둘 다 나의 직업이기도 하다. 그게 뭐가 중요한가?

사계절이 뚜렷한 나라에서 산천초목의 변화를 구경하면서 오가는 대한민국에 감사할 뿐이다. 사막으로 뒤덮인 나라도 있고, 일 년 내내 무더위 또는 추운 겨울만 있는 나라도 있는데, 이렇게 뚜렷한 자연의 변화를 느낄 수 있는 위치에 살고 있다는 게 얼마나 감사한지 모르겠다.

서너 시간씩 운전하면서 베토벤의 '미뉴에트'를 듣는다. 가끔은 쇼스타코비치의 '왈츠'를 듣고, 모차르트의 '피아노협주곡'을 듣는다. 유난히 맑고 여린 바이올린 음색이 날씨와 어울리기도 하고, 흐르는 강물을 바라보며 슈베르트의 '숭어' 선율을 따라 부른다.

한 시간 남짓 더 달려가면 P사의 관리자들이 기다리는 곳에 도착한다. 오늘은 무슨 이야길 할까 고민하다가 '지금의 마음'을 전달해야겠다고 생각했다. 이 어찌 기쁜 순간이 아닌가.

휴일 아침, 일찍 들른 서점에서 무슨 책을 사야 할지 몰라 배회하던 중 영미(英美) 시집 한 권을 발견한다. 시상(詩想)에 맞는 그림을 그려 넣은 책이 예뻐서 집어 든다. 몇 장 뒤적이다 보니 암기하기 좋은 한 구절이 마음에 들어 계산대로 들고 간다. 몇 년 동안 암과 싸우면서 시와 수필을 쓰고, 강단에서는 영문학 교수가 정리한 책이다. 부드럽고 강인한 교수의 감성과 미적(美的) 감각이 묻어난다. 이 또한 기쁘지 아니한가.

곳곳에서 책을 고르는 젊은이들을 바라보고, 꾸부정한 허리를 펴면서 책을 뒤적이는 어른 곁에 다가가 무슨 책을 보는지 바라보는 것도 삶의 기쁨이다. 서점 한구석에 마련된 책상에 수십 명이 둘러앉아 책을 읽고 메모하는 사람들이 어찌나 귀엽고 대견스러운지 모르겠다.

읽어야지, 끝까지 읽어야지 하면서 미루고 미루던 책을 오늘에서야 다 읽었다. 마지막 페이지까지 다 읽고 책장을 덮을 때마다 느끼는 마음은 '정말 시원하다. 그래 이 맛이야'. 스스로 기특하다는 생각을 하면서 또 다른 책을 읽을 수 있다는 희망에 가슴이 벅차오른다. 알고 배우고 느끼며 깨닫는 즐거움을 어느 황금이나 부귀영화에 비교할 수 있으랴.

새벽에 일찍 일어나 강둑을 걷는다. 걷다가 뛰다가 멈추어서 길옆에 마련한 운동기구를 만지작거린다. 몇 가지 기구를 움직이며 운동을 한다. 온몸에 활력이 되살아나는 느낌이다. 핏줄에 힘이 돋고, 피부에 탄력이 느껴진다. 노부부가 함께 와서 밀어 주고 당겨 주는 모습을 보니 내가 다 행복하다. 일찍부터 나와 체육공원을 청소하는 아저씨가 보인다. 날마다 빗자루를 들고 주변을 깨끗이 청소한다. 고마운 마음을 담아 인사를 건네며 잠시 땀을 식힌다. 얼마나 정겨운 시간인가?

노란 종이를 펴 놓고 새로 산 만년필로 글을 쓴다. 누군가에게 보내고 싶은 편지를 쓰거나 떠오르는 생각을 마음대로 쓴다. 무슨 말부터 써야 할지 몰라 망설이던 중 첫 글자가 떠오른다. "생각의 정리가 글"이라고 쇼펜하우어가 말했다. 얇은 종이에 번지는 파란 잉크색이 아름답다.

일주일 내내 지방을 돌아다니느라 정리하지 않은 책상 위가 지저분하다. 엿새 만에 돌아온 집 현관에 카드와 함께 작은 소포 두 개가 놓여 있다. 무엇일까 궁금해하며 상처 나지 않게 뜯어 본다. 보낸 사람의 이름을 소리 내어 읽어 본다.

책과 학용품을 정성스럽게 싸서 우체국에 가서 우표를 붙이고 우편함에 넣어 부친 사람의 마음을 헤아려 본다. 정성과 사랑이 읽힌다.

수북이 쌓인 자료를 정리하는 시간, 퀴즈 방송 보면서 정답을 맞추는 순간, 의사 선생님으로부터 퇴원해도 좋다는 말을 듣고 짐을 꾸리는 시간, 합격 통지서를 받아 든 순간, 보고 싶은 사람 우연히 만나는 순간. 그에게 전화를 걸려고 하는

데 그로부터 먼저 전화가 걸려 오는 순간, 로또 복권이 당첨되지 않더라도, 부동산으로 대박을 터뜨리지 않더라도, 연말 결선에서 대상을 받지 않더라도 우리는 기쁨과 행복을 느낄 수 있는 순간과 시간은 많다.

수많은 시간을 긴장과 스트레스로 보내면서, 정신없이 자신을 잊고 살지만, 해야 할 일이 많고 만날 사람이 많고, 즐길 수 있는 기회가 많다는 건 무지무지 행복한 거다. 갑자기 헨리 포드의 말이 생각난다.

"한 푼도 저축하지 마라. 모든 것을 자신에게 투자하라. 나는 40세까지 한 푼도 저축하지 않았다."

얼마나 멋진 삶인가? 건강하시고 돈 많이 버시라는 새해 인사에 덧붙여 이제는 "정신의 건강과 풍요는 무엇으로 채울 것인가?"라고 묻는 어느 철학자의 질문에 대답할 때다.

04

한계를 넘어서야 미래가 있다

인내와 고통과 용기와 자신감,
도전과 갈등과 고민과 열정은 단순히
감정을 표현하는 단어가 아니다.

생존의 힘과 사명

 4~5년 전만 해도 '4차 산업혁명의 뉴 노멀(New Normal)의 시대'가 왔다고 떠들썩했다. 인간의 첨단기술이 세상을 지배할 것처럼 느껴졌지만, 겨우 2년 만에 인간은 보이지도 않는 코로나와 오미크론의 반항을 이기지 못하고 '자연의 법칙' 앞에 무릎을 꿇었다. 자원을 아껴 쓰지 않고 땅속의 자원을 모두 밖으로 끌어 내어 공기를 오염시키고, 온갖 쓰레기를 함부로 버리면서 환경을 오염시킨 죄라고 반성하지만, 이미 늦었는지 모른다.

 "2022년 2월 5일 현재 전 세계에서 3억 9천만 명이 감염

되고, 570만 명이 사망했으며, 미국만 90만 명의 사망자가 발생했다"(TIME, 2022. 2. 5.)라는 외신을 읽으며, 6,500명 정도의 사망자가 발생한 한국은 외신을 보면서 다행이라 여겨야 할지 알 수 없지만, 아직도 끝을 알 수 없는 게 더욱 불안할 뿐이다.

국가마다 빈부 차이에 따라 백신 전쟁이 일어나고, 마스크가 뭔지도 모르는 나라도 있다. 같은 나라 안에서조차 마스크와 백신을 거부하는 사람들이 늘어나기 시작하면서 "정부와 국가는 뭘 하고 있는 거냐?"고 묻기 시작했지만 정답은 없다.

일제 치하에서 국가 독립운동을 한 선열들의 고통, 6·25전쟁에서 살아남은 생존자들의 힘, 전후(戰後) 세대들의 강력한 생존력과 부활의 의지 등을 생각하면서, 반복되는 인류의 역사를 돌아본다. 김치와 된장찌개, 막걸리를 마시며 면역력을 키우고, '고통과 갈등을 견디고 버티는 것'도 중요한 능력이라는 점을 인식하면서, 서로서로 위로하고 사랑하면서, 또 다른 미래의 역사를 만들어 가고, 탁월한 삶의 방식을 설계해야 한다. 그건 살아남은 자의 의무이며 책임이다.

현장관리자들의 분노

"납기일을 맞추어야 하는데 갑자기 결근하는 직원이 있습니다. 10년 이상 갈고 닦아야 할 기술 분야에서 일하는 기술자들이 수시로 들락날락합니다. 직원들에게 기술을 가르치고 교육할 기회조차 없습니다. 한마디로 일하기 싫다는 겁니다. 이렇게 좋은 회사에서 근무하기가 싫다니 기가 막힙니다."

최근 거제, 여수, 울산, 포항 등지의 기업체에서 공장 현장관리자들을 대상으로 몇 년째 강의하고 있다. 강의 진행 과정에서 현장관리자들에게 "요즘 가장 힘든 고민이나 문제점이 무엇인가?"를 물었다. 그들의 가장 큰 고민이나 문제점 중에 '인력 부족'이 많았다. 필요한 사람을 구하기가 힘들다는 거였다. 외국인 근로자를 채용하지만, 수시로 그만두고, 재직 기간이 정해져 있어 중요한 기술을 가르치거나 전수하기가 어렵다고 한다.

아니, 실업자가 100만 명이 된다는 나라에 어떻게 일할 사람이 없을 수 있는가? 이해할 수 없는 현상이다. 세계 최고의 조선산업의 현장에서, 우리나라에서 가장 소득이 높은 자동차 제조 공장 지역에서, 어찌하여 일할 사람이 없어 관리자들이 고생하고 있는가? 참고로, 우리나라 평균 국민소득은 3만 달러가 약간 밑도는 수준이라고 하지만 울산, 거제, 여수, 천안 등지의 국민소득은 3만 달러에서 3만 5천 달러라고 한다. 한마디로 대졸 고학력자는 넘치는데 현장에서 일할 기술자는 없다는 거다. 깔끔하고 시원한 커피숍이나 백화점에서 적은 돈을 받으며 잔심부름은 할지언정 자기만의 고유한 기술을 배우거나 기술 경력을 쌓기는 싫다는 것이다.

쉽고 재미있는 일, 적성에 맞는 일, 대박을 터뜨릴 수 있는 일을 찾아 막연히 방황하는 젊은이들이 너무 많은 것 같다.

돈 쓸 곳은 많은데, 큰돈 좀 벌고 싶은데 원하는 일은 없고, 힘든 일은 싫고, 지방 근무는 더욱 싫고, 뭘 해야 할지 몰라서 시간과 세월을 날리고 있는 청춘들이 많다고 한다. 배우기 쉽고, 힘들지 않고, 그럭저럭 견딜만한 편의점의 아르바이트나 택배가 훨씬 매력적인 모양이다. 피땀 흘리며 오랫동안 배워야 하는 기술은 엄두도 내지 못하거나 배울 생각조차 하지 않은 사회 분위기이다. 누구 탓인가?

세계 최고의 배를 만들고, 초대형 시추선을 만들고, 석유 탐사선을 만드는 과정이 얼마나 장대하고 웅장한지 현장을 보지 않으면 알 수 없다. 정교하고 치밀하며, 한 치의 오차도 있어서는 안 되는 어려운 정밀산업 현장에서 수만 명이 일사불란하게 움직이며 기술과 기능, 인간관계와 의사소통이 조화와 균형을 이루며, 우수 인재와 기술자들이 적재적소에 배치되고 운영, 관리되고 있는 현장을 제대로 가르쳐 줄 필요가 있다. 힘든 기술이나 어려운 기능, 복잡한 업무 관리나 설계 등 모든 기술과 경험은 현장에서 배워야 한다는 걸 알려 주어야 한다. 일은 현장에서 배우는 것이며, 책으로 배워지는 게 아니라는 것도 느끼고 깨닫게 해 주어야 한다. 땀과 눈물과 피를 아끼면 배울 게 없다. 전 국민의 75% 이상이 대학을 나온다고 해도 그들이 모두 사무실에서 흰 셔츠를 입고 펜만 굴릴 수는 없다. 어차피 따뜻하고 시원한 빌딩 안의 일자리는 정해져 있다. 일자리는 정부의 기금과 세금으로 만들어지는 게 아니다. 한없이 늘릴 수 없는 공무원이나 봉사 지원으로 일자리는 창출되지 않는다. 그렇다고 원하는 일자리를 마냥 기다릴 수도 없는 일이다.

올해 초, 어느 대학에서 강의를 마치고 나오는데 한 남학생이 던진 고민이 잊히질 않는다.

"저는 자동차를 고치고 만드는 게 즐겁습니다. 어려서부터 장난감 자동차를 좋아했습니다. 자동차 공장에 가서 일하고 싶습니다. 이다음에 카레이서도 되고 싶습니다. 그런데 교수인 부모님의 권유로 억지로 대학에 들어왔습니다. 3년 동안 전공 공부는 전혀 하지 않았는데, 1년밖에 남지 않았습니다. 저는 이제 어떻게 해야 하나요? 꿈도 없고 희망도 없습니다. 뭘 해야 할지 모르겠습니다."

자신의 미래를 스스로 찾지 못하는 그 대학생이 불쌍해 보였고, 그의 부모는 한심스럽게 느껴졌다. 스스로 해답을 찾지 못하는 그들에게 뾰족한 대책은 무엇인가? 듣기 좋은 말로 위로만 해 주기에 우리 현실은 그리 녹록하지 않다. 힘든 기술을 배우고, 아니꼽고 치사한 영업과 마케팅도 가르칠 수 있어야 한다.

 이제 직업의 경계는 무너지고 있다. 전공과 적성의 한계는 스스로 깨지고 있다. 현장관리자들이 그 답을 알고 있다. 현장에 가서 물어보고 현장을 찾아가라고 알려 주어야 한다. 이게 어른과 언론이 해야 할 일이다.

효율적인 대외 협상

한일 관계가 예민하게 돌아가는 시기에 한일 간 외교차관 회의를 개최하려다가 언론에 먼저 알려지자 본 회의가 무산되었다. 일본의 일방적인 취소로 회의는 개최하지 못했다. 일본 측에서도 어떻게 해서든지 숨통을 터 보려고 했을 것이다. 그게 꼭 우리의 잘못만은 아니겠으나 누군가가 언론에 알려서 자신들이 이렇게 노력하고 있다는 것을 자랑하고 싶었던 모양이다.

중동으로 원전 프로젝트를 팔러 나가 어느 국가와 협상하는 과정에서 양해각서 즉, MOU(Memorandum of understanding)

를 체결했다. 이는 정식 계약을 체결하기 전에 계약 당사자 간에 이해와 동의를 구했으니 앞으로 잘해 보자는 약속 문서에 불과하다 그런데 대외 협상 당사자들이 귀국하기도 전에 협상 과정과 거래 조건이 국내 언론에 대서특필된다. 협상이 진행되고 합의한 후 발표해도 좋을 안건을, 결론이 나기도 전에 곳곳에 도배하면서 엄청난 프로젝트를 따낸 것처럼 떠들썩하니 일본이나 대만 등 주변국들이 보고만 있을 리 없다. 잽싸게 찾아가서 한국 프로젝트를 가로채고, 우리는 '닭 쫓던 개' 신세가 되면서 프로젝트를 놓치고 만다. 엄청난 금액의 프로젝트를 죽 쒀서 개 주듯이 빼앗기는 거다.

미국과의 국방 안보 등에 관한 작전 계획을 협의하러 워싱턴으로 날아간 외교 안보라인의 국회의원이나 전문가들이 협상 중인 내용을 수시로 알려 주고, 중계 방송하듯이 국내 언론에 보도한다. 아직 마무리된 건 하나도 없는데, 마치 대단한 협상을 끝낸 것처럼 떠들어 대니 미국의 입장에서는 계속해서 협상해야 할지 고민하게 된다. 비밀이 지켜지지 않는다고 답답해한다.

최근 일본의 경제 보복에 관한 충돌 문제도 마찬가지다. 일본의 총리가 시비를 걸고 거래 조건을 발표했을 때, 즉시 대응할 게 아니라 2~3일간 뜸을 들이고 숙고한 후에 한두 글자로 짧게 보도해도 된다. 상대방이 내놓은 전략에 대해 급하게 처리할 수 있는 사항도 아니고, 급하게 대답해야 할 내용도 없을 바엔 차라리 상대방의 속을 태우며 궁금증을 더하게 시간을 끌 필요도 있다.

한일 간의 갈등에 대해 미국의 협조를 얻고자 급하게 워싱턴으로 날아가는 외교 전문가가 공항에서 출국 기자회견을 하고, 돌아와서 또 언론플레이를 할 뿐만 아니라, 한참 후에 방송에 나와 미국을 방문한 과정과 협의 내용을 상세히 보도하고 대담하는 것을 들으며 참 어처구니없다는 생각을 했다. 국가의 외교 전략은 성과로 말하는 것이지 과정을 설명하는 게 아니다. 그다지 대단한 성과도 얻지 못한 주제에 방송에 나와서 떠드는 게 우습지 아니한가.

러시아, 중국, 일본의 지도자들은 함부로 말하지 않고, 앞에 나서지 않는다. 모든 의견은 대변인이 전달하게 하고, 중요한 안건만 간단히 제안한다. 공교롭게도 미국 트럼프 대통령만 트윗을 자주 날리고, 함부로 말해서 웃음거리가 되고 있다. 자신의 잘못에 대해 모든 언론이 가짜 뉴스라며 변명하고, 자국의 국회의원에게 인종차별 발언을 서슴없이 떠들어 대는 모습을 보면서 리더십이 없는 통치자의 가벼움을 보는 듯하여 씁쓸하다.

국내에도 협상 전문가들이 많은데 이들을 활용하지 못하고, 시장 골목에서 만두나 떡을 팔듯이 떠들썩하게 여론몰이하면서 우왕좌왕하는 모습이 안타까울 뿐이다. 외교라인에도 능숙한 전략과 실력을 갖춘 외교관들도 많이 있을 것이라 믿는다. 아마추어 같은 언행으로 국제 무대에 나가 망신 당하고, 협상에서 밀리고, 전략적인 발언을 구사하지 못하는 상황이 안타깝다 못해 원망스럽다. 국익이 달려 있고, 한국의 미래 운명을 좌우하는 대외정책과 외교 전략에 협상 전략이 없는 듯하다.

술집이 가득한 골목이나 아이들의 놀이터에도 나름의 협상 전문가가 있다. 서점에도 협상에 관한 전문서적이 상당히 많다. 제대로 된 대외 협상 전문가가 국익을 위해 활동하는 모습을 기대해 본다.

기업가를 존중하라

나는 사업을 해본 적이 없다. 20여 년간 직장생활을 한 후, 최근 20년 가까이 대학과 기업에서 강의하고 있다. 대학원 최고경영자과정이나 경제인들 모임에서 강의하며 경영자들을 만나 대화하는 과정에서 다양한 사연을 듣게 된다. 그분들의 말씀을 들으면서 사업이 얼마나 어려운지 깨닫게 되고, 경영자들의 노고에 감사드리지 않을 수 없다.

모든 기업 경영자가 돈을 벌기 위해 사업하는 것은 당연하지만, 국가 경제와 사회 발전에 큰 기여를 하고 있음을 부인할 수 없다. 간혹 부정과 비리를 저지르며 사회에 폐를 끼치는 경영자들도 있지만, 대부분의 기업가는 직간접적으로 국가 발전과 사회의 성장에 기여하고 있다.

 기업 경영자들은 첫째, 고용을 창출한다. 인재를 채용해서 일하게 하여 급여를 주고, 그들의 가정 경제를 뒷받침해 준다. 적게는 2~5명에서부터 수만 명에 이르기까지 다양한 직무와 직종의 인재들을 고용하여 일할 기회를 주고, 그에 상응하는 보수를 지급한다. 아무리 공공의 일자리를 많이 늘린다고 하지만, 임시 처방이나 일자리 나누는 정책으로는 정상적인 고용이 창출되지 않는다.

 둘째, 경제 흐름의 기반을 깔아 준다. 상품과 제품을 만들어 생활에 편의를 제공하고, 시장 경제를 활성화하며, 가정과 사회에 돈이 돌게 한다. 누군가가 해야 할 일을 그들이 하고 있는 것이다. 처음에 사업을 시작할 때는 많이 망설이고 힘들었을 것이다. 그들이 얼마나 많은 실수와 실패를 겪었는지 아무도 모른다. 쓰라린 배신도 겪고, 사기도 당했을 것이다. 그럼에도 불구하고 도전과 실패를 뛰어넘어 현재에 이른 것이다. 기업가만큼 힘든 과정을 거쳐 사업을 일군 직종은 별로 없다.

 셋째, 경영의 원칙을 정립해 준다. 간혹 그릇된 경영으로 구설수에 오르며 검찰과 법원을 오가는 경영자도 있지만, 대부분의 경영자는 성실하고 올바른 경영을 통해 사회생활의 원칙을 마련해 준다. 고객 관리와 자금 관리는 원칙을 벗어나면 제대로 운영할 수 없다. 시장의 힘은 한없이 커지고, 고객의 요구는 날로 높아지고 있다. 사업가들은 그들에 요구에 아무런 대꾸도 하지 않고 상황에 대응하고 있다.

넷째, 그들은 무슨 일이든 대충하지 않는다. 대충 처리해서 만든 제품이나 서비스는 즉시 퇴출되기 때문이다. 기업 경영자는 자신의 사업에 잠시도 게을리하거나 남의 도움만을 받으려 하지 않는다. 공짜 점심은 없다. 쉴새 없이 연구하고 열심히 땀을 흘려 노력해야 한다. 어느 한 가지도 남이 대신해 주지 않는다.

끝으로, 기업 경영자는 인재를 육성한다. 아무리 고등교육을 받은 사원이라 해도 일단 채용하면 신입사원 직무 교육, 대리 승진자 교육, 과장 관리자 교육, 부장 리더십 교육 등 계층별 직종별 전문교육, 최고경영자과정 등은 물론, 국내 대학원 위탁 교육, 해외 연수 등을 통해 일반인들은 접하기 힘든 실무교육을 시킨다. 예산이 부족한 기업들은 집합교육이나 개별교육의 기회를 주기도 한다. 학교 시스템으로 가르친 정규 교육의 한계를 뛰어넘어 실용교육을 한다. 학교에서 배운 내용의 부족한 점과 미흡한 점을 채우느라 과도한 교육비를 지출하기도 한다. 제대로 된 인간을 가르쳐야 할 가정과 사회 시스템에서 가르치지 못한 윤리와 도덕, 철학, 역사에 이르기까지 무한한 교육을 제공하여 인재를 키우고 있다. 최근에는 인성과 품격을 높이고자 더욱 노력하고 있다. 정부와 정치인들은 이런 기업가와 경영자들에게 쓸데없는 부담을 주거나 고통을 안겨 주어서는 안 된다.

정부는 국가 안정과 경제 발전에 큰 힘이 되는 기업가들의 사업에 방해가 되어서는 더욱 안 된다. 그들에게 힘을 실어 주고 격려와 위로를 보내며, 무조건 존중해 주어야 한다. 물론, 부정부패나 비리에 대해서는 공사를 불문하고 눈감아 주어서도 안 될 것이다. 그럼에도 불구하고 정부는 기업 경영자들을 도와야 한다. 그건 선택이 아니라 국가 정책의 1순위가 되어야 한다.

남들이 하지 않는 짓 하는 즐거움

모두들 산으로 들로 바다로 놀러 다니는 주말, 혼자 방구석에 틀어박혀 책과 씨름하거나 글을 쓰고, 다들 퇴근한 주말에 사무실에 남아 라면을 끓여 먹으며 바쁘게 일하는 시간은 즐겁다. 이 나이에 눈치 보며 일하자니 아니꼽고 치사하다며, 더 이상 참지 못하겠다고 회사를 그만두는 사람들과 달리, 묵묵히 맡은 일을 하면서 참아내는 즐거움 또한 대단한 기쁨이다.

입사한 지 1년도 되지 않아 적성에 맞지 않느니, 인간관계가 힘이 드느니 하면서 사직서를 내는 신출내기들에게, 그래도 한 3~5년은 버텨야지 하는 인내심으로 견디는 기쁨을 전하고 싶다. 많은 사람이 유행에 따라 머리에 물을 들이고, 턱의 뼈를 깎아 내고, 남의 살을 붙이려고 시간과 돈을 아끼지 않을 때, 그 돈으로 책을 사서 읽고, 여행을 좀 더 많이 하고, 대학원도 들락거리는 환희를 느끼게 해 주고 싶다. 가볍고 쉬운 책을 들고 다니는 사람들 틈에 가끔 읽지도 못하는 영문 원서를 들고 다니며 폼을 잡는 것도 재미있고, 길을 몰라 쩔쩔매는 외국인에게 다가가 영어를 잘하는 척하며 길을 가르쳐 주는 기쁨도 감출 수 없다.

 제시간에 출근하고 제시간에 퇴근하는 것보다 일찍 출근해서 학원 들렀다가 사우나하고 일찌감치 올라와 신문을 읽는 것도 좋고, 늦게까지 남아 밀린 서류 정리해 놓고 여유 있는 도로를 달리는 쾌감도 짜릿하다. 화려한 호텔 바에서 양주와 와인을 마시며 멋진 무용을 구경하러 가려다가 그냥 골목길 허름한 고깃집에서 삼겹살 몇 점 시켜 놓고 소주잔을 기울이며 친구와 사는 이야기 하는 것도 얼마나 기쁜지. 해낼 자신도 없는 일을 맡아 놓고 근심과 걱정으로 나날을 보내며 고민하다가 결국 마감일이 되어서야 욕을 먹어가며 부랴부랴 끝내면서 안도하는 희열을 누가 알까? 그런 과정을 거쳐 노련한 숙련공이 태어나고, 그런 인내와 무모한 용기가 전문가를 탄생시키며, 지독한 고집과 줏대가 리더를 만들어 낸다는 걸 아무나 알까?

공대를 나온 사람이 무슨 책을 쓰냐는 핀잔을 들어가며 쓰기 시작한 책이 서너 권이 넘고, 영문학도 공부하지 않은 사람이 번역한답시고 끙끙거리며 사전을 찾는 모습도 아름다울 때가 있다. 해보지 않은 사람들의 야유를 받으면서도 자신감과 열정으로 일하고 공부하면서 문무겸장(文武兼將)이 되려는 욕망을 부추기는 것도 유전인자(DNA)라고 생각할 수 있지만, 날마다 나아지려고 애쓰는 동물의 진화적 본성이라고 우기고 싶다. 박사학위도 없는 사람이 무슨 대학 강의를 하겠느냐고 묻는 사람에게 18년째 시간강사를 하고 있다고 말하면서, 자신의 도전적인 열정을 뽐낼 수 있는 것도 얼마나 즐거운 일인지 겪어 보지 않은 사람은 알 수 없다.

적성에 맞지 않아 회사를 다닐 수 없다는 젊은이들에게 전기, 기계, 컴퓨터공학, 보험학 등 다섯 가지 전공을 갖고 있다고 설명하면서 닥치는 대로 일을 해보고, 다양한 경험을 쌓으라고 조언할 수 있는 건 어른으로서 가르쳐 주어야 할 도리이기도 하다.

 딱히 대학을 나오지 않아도 성공할 수 있고, 그런 사람들이 얼마나 많은지 사례를 들어가며 동기를 부여해 줄 수 있으려면 신문도 상세히 읽어야 하고, 지나치는 고객도 우습게 보지 않아야 한다. 무언가 새로운 도전을 하고 싶으면 그 분야의 전문가만 찾을 게 아니라, 책을 읽고 사례를 찾아 배우고 이해한 후, 무조건 해보고자 하는 무모함도 필요하다. 부끄럽고 창피스러운 상황에서도 떳떳하게 마주할 용기를 갖기 위해서는 실력과 경험을 쌓아야 한다.

 작은 일 하나라도 성실하고 투철한 책임감으로 일하는 것을 우리는 사명감이라고 한다. 신념과 가치관이 행동과 습관을 만들고, 그런 습관과 언행이 관계를 낳는다. 유유상종이다(Like attract like, 끌어당김의 법칙). 어떤 사람들과 어울리는가가 그 사람의 모습을 말해 준다. 언행과 습관이 성과와 결과는 낳는다. 즉, 철학이 태도를 낳는 것이다. 그것을 '성과의 싸이클(Results Cycle)'이라고 토마스 크레인은 말했다. "훌륭한 의사는 아플 권리가 없다"는 히포크라테스의 선서가 생각나는 때이다.

인간은 차별하는 게 옳다

　인간이 평등하지 않다는 건 아주 다행스러운 일이다. 인간을 차별하는 건 당연한 것이다. 틈만 나면 공부 모임에 들어와 좋은 책을 소개해 주고, 수시로 독서 모임에 참석하여 책의 가치를 설명해 주는 분들이 있고, 여기저기 쑤시고 다니며 편을 가르고 싸움을 부추기는 사이버 논객들도 있다. 서로 다른 생각을 가진 사람들끼리 의견을 주고받으며 어울리려고 애쓰는 사람이 있고, 협력을 방해하고 갈등을 조장하며 편을 가르는 사람도 있다.

　날마다 지각하는 사람이 있다. 직장에서나 모임에 늦게 와서 이런저런 핑계를 대고 이유를 갖다 붙인다. 믿지도 않지만 듣고 싶지도 않다. 늘 일찍 와서 준비하고 끝난 자리에서도 청소하고 뒷정리를 하는 사람이 있다. 게으른 사람과 부지런한 사람을 동등하게 대하고 싶지 않다.

만나기만 하면 남의 흉을 보면서 분위기를 엉망으로 만들고 불만을 제기하는 사람이 있다. 어떤 자리에서나 늘 칭찬하고 밝은 웃음으로 분위기를 좋게 만들어 주는 사람이 있다. 다 같이 힘든 환경이나 상황에서도 밝게 웃고 용기를 내자고 응원해 주는 사람이 있고, 기어드는 목소리로 금방 죽을 듯이 기운을 빼앗는 사람도 있다.

시간이 날 때마다 서점을 찾고 좋은 책을 추천하면서 최신의 변화와 추세를 이야기해 주는 사람이 있고, 틈만 나면 연예인들이나 정치인들의 부정적 행태를 규탄하며 무슨 큰 사건이나 난 것처럼 소란을 떠는 사람도 있다.

100세가 넘어도 글을 쓰면서 후세들에게 좋은 말씀을 건네는 어른이 있고, 파고다 공원 뒷골목에서 하루 종일 술병을 늘어놓는 아저씨도 있다. 서점의 벽에 구부정한 허리를 기댄 채 눈을 비벼가며 책장을 넘기는 할머니도 있다. 빈부의 차이를 넘어 존재하는 장소와 방식이 다른 것이다.

오랫동안 정계에 머물면서 이리저리 옮겨 다니며 이간질하고 거짓말을 일삼으며 권모술수에 능한 협잡꾼이 있고, 굳은 의지로 정의와 올바름을 실현하면서 자신의 직무에 충실한 법조인도 있다. 국민의 불만과 어려움을 잘 들어주면서 가려운 등을 긁어 주는 공직자가 있고, 사회 현실을 외면하면서 엉뚱한 말로 민의를 왜곡하는 사기꾼도 있다. 이들을 공평하고 공정하게 대한다는 것은 어불성설이다. 당연히 차이를 두고 차별해야 한다. 그게 맞는 것이다.

독자 여러분은 어떤 사람들과 어울리고 싶은가?

그들에게 어떤 사람이고 싶은가?

 부드럽게 퇴출당하는 법

"요즘 공직자들은 매우 불안할 것 같아."

"모르는 소리 하질 말게, 부처가 바뀌고 자리가 바뀌어도 공무원들은 같은 식구라고 하며 서로 보듬어 주고 텃세를 부리지 않으며, 끼리끼리 돌보아 주는 게 있어. 우리 같은 줄 아는가?"

과연 그렇기도 하겠다는 생각이 들었다. 함께 일하던 직원들을 30% 이상 두 번씩이나 감원하고 그때마다 사직서를 던졌던 필자로서는 이해하기 어렵지만, 일면 이해되는 부분도 있다. 하기야 영혼 없는 사람들이면 어디 간들 견디어 내지 못하랴.

요즘 공직사회가 흔들리고 있다. 공무원은 물론, 공기업 성격을 띤 여러 기관이 좌불안석이라고 한다. 그럴 때도 되었다. 오히려 늦은 감이 없지 않다. 그간 수십 년 동안 정말 좋은 세상 살았다. 그럼에도 불구하고 어떻게 해서든지 살아남을 길을 찾고, 그래서 더욱 힘들어할 공직자들의 마음을 모르는 바 아니다. 그러나 영혼은 살아 있어야 한다. 정말 하기 싫은 일, 해서는 안 될 일을 해야 할 경우에는 얼마든지 그 자리를 떠날 수 있어야 한다. 하기 싫은 일 억지로 하면서 가늘고 길게 사는 게 과연 원하는 인생이었는지 스스로 물어보고 답할 수 있어야 한다. 그래서 영혼이 있는 공직자들이 그 직을 떠나고자 한다면 보다 효율적으로 자신 있게 떠나는 방법을 제안하고자 한다.

첫째, 단 한 번 사는 인생, 정 싫으면 얼마든지 떠나야 한다. 하기 싫은 일 억지로 하면서 간과 쓸개를 다 빼주면서 가늘고 길게 살 필요는 없다. 그러나 국민과 민족을 위해 혼신을 바칠 각오가 되어 있고, 그 조직의 책무를 다하기 위해 필요한 인재라는 믿음이 있다면 어떤 일이 있어도 나와서는 안 된다. 공복으로서의 자세를 더욱 잘 갖추고 고삐를 조이면 얼마든지 살아남을 수 있다. 또한 그런 분이 살아 남아서 국가 발전에 기여해야 한다.

둘째, 떠나야 하거나 떠나기로 결심했다면 과감히 떠날 수 있어야 한다. 둥지를 떠나는 게 처음엔 두렵겠지만, 막상 나와 보면 별것도 아니다. 변화는 또 다른 기회가 될 수 있다. 그동안 감추어져 있는 자신의 역량과 자질을 발견하고 발휘할 기회가 온다. 공직을 떠나면 큰일날 것 같아 불안하겠지만, 실제로 그리 어려울 일은 없다. 누구나 그렇게 어려운 자율 시장 경쟁에서 살고 있다. 오히려 더 좋은 기회를 맞이한다면 그간 살아보지 못한 길과 방향을 발견하여, 더욱 뜻깊은 인생의 맛을 느낄 수 있을지도 모른다.

셋째, 무서운 경쟁 환경과 도전을 즐기며 맞이한다. 경쟁이 힘들고 두렵지만, 잘하면 더욱 큰 기쁨과 환희를 느낄 수 있다. 세계 최고의 자리에 오른 스포츠 선수들, 기술자들, 기업들의 가치와 의미를 생각해 보면 이해하기 쉽다. 치열한 경쟁 속으로 뛰어들 필요가 있다. 더욱 뜨거운 불구덩이로 몸을 던져 희열을 맛볼 기회는 얼마든지 있다. 피하거나 포기하거나 단념하는 것보다 차라리 정면 돌파하는 것이 훨씬 쉬울지도 모른다. 그런 과정을 거치면서 스스로 강해질 수 있다. 해보지 않았던 일을 하면서, 해보지 않은 말들-아쉬운 소리, 도와 달라는 요청, 협력해 달라는 부탁 등을 하면서 부끄러움이나 창피스러움도 느끼고, 새로운 용기를 키울 수도 있다. 갑과 을의 입장이 어떻게 다른지 실감하고 스스로 강해지고 있음을 발견하게 되면 또 다른 도전이 두렵지 않을 것이다.

넷째, 새로운 기술과 역량을 익혀야 한다. 우선 변화와 혁신에 성공한 기업가들과 개인들의 자서전이나 경험담 등을 읽고, 다양한 사람들을 만나면서 간접 경험을 할 필요가 있다. 그간 만나지 않던 부류의 사람들을 찾아다니며 새롭게 사귀어야 한다. 끼리끼리 어울리지 말고, 다양한 직종의 리더들에게 배우며 겸손하게 따라야 한다. 급한 마음으로 손쉽게 배우려 하거나, 급히 새로운 일을 찾아 나서지 않아야 한다.

당분간 쉬면서 시장 조사와 탐색, 독서와 인맥 구축, 경제 동향을 파악하면서, 가끔은 명상과 자기 성찰, 음악 감상 등을 통해 마음을 다스려야 한다. 50대 중반에 나오더라도 30년의 남은 인생이 기다리고 있다. 마음만 먹으면, 얼마든지 변신할 수 있고 얼마든지 적응할 수 있다. 단, 진실한 마음으로!

경영자의 고민과 문제 해결

　원대한 꿈을 꾸면서 위대한 사업가가 되기를 바라는 경영자, K 사장이 필자를 찾아왔다. 사업 경영에 문제가 많아 코치를 받고 싶다는 거였다.

　이런저런 사연과 이유를 대면서 사업이 잘 안된다고 푸념을 늘어놓았다. 직원들의 마음이 회사를 떠나고, 자기 자신도 별로 사업에 의욕이 없고, 초창기의 열정이 식어가고 있다는 거였다. 회사의 가치를 좀 더 키워서 주가를 올려 다른 곳에 팔아 버리고 싶다고 했다. 듣다 보니 K 사장은 자기 회사의 문제점을 누구보다 잘 알고 있었다. 가장 큰 문제는 무엇일까?

바로 그 사람, 경영자 자신이었다.

지인(知人) 중에 탁월한 경영컨설턴트가 한 명 있다. 오랫동안 사업을 해온 어른이시다. 그분은 대학교와 기업가들의 경영 관리자들을 만나 대화를 나누고 문제를 발견하고, 모든 문제를 쉽게 해결해 주는 독특한 능력을 갖고 있다. 최근 어느 벤처기업과 제약회사, 대학 세 곳을 일류로 만드는 프로젝트를 추진하고 있다. 그래서 사업에 어려움을 겪고 계신 K 사장을 그 컨설턴트에게 소개했다.

두어 달이 지날 때쯤 K 사장으로부터 만나자는 연락이 왔다. 만나 보니 얼굴빛이 달라졌다. 표정이 밝아지고 목소리에 힘이 생겼다. 미소를 가득 머금고 자신 있게 다가와 인사했다. 향후 5년만 기다려 보라는 거였다. 무언가 큰일을 해낼 것 같은 자신감이 넘치면서 되는 것만 생각하는 '병적인 낙천성'을 보이는 듯했다.

정말 신기한 일이다. 돈을 대 준 것도 아니고, 우수 인재를 뽑아 준 것도 아니고, 다른 고객을 추천해 준 것도 아니고, 단지 유능한 컨설턴트만 한 분 소개했는데, 어떻게 두어 달 만에 사장의 표정과 발걸음 소리가 달라질 수 있을까? 그 회사 직원들의 표정은 어떨지. 그 회사 분위기는 어떻게 바뀌었는지 궁금했다.

나중에 그 컨설턴트와 식사할 기회가 있었다.

"선생님, 어떻게 K 사장의 마음과 태도를 바꾸어 놓으셨습니까?"

"이 사람아, 그것만큼 쉬운 게 어디 있나? 자기 자신과 자기 사업의 문제점을 알고 있는 사장에게 무슨 어려움이 있단 말인가? 정말 쉬운 일이지. 문제와 문제의 근본 원인을 모르면 정말 문제지만, 모든 문제를 꿰뚫고 있는 CEO가 뭐가 문제인가? 실행 방법만 알려 주고, 실천할 수 있는 동기만 부여해 주면 되는 걸. 아주 쉬운 일 아닌가?"

듣기는 하면서도 답답했다. 그것도 쉬운 일은 아닐 텐데. K 사장의 어려운 문제를 찾아 주고 말끔히 해결해 주셨다는 그 컨설턴트와 오랫동안 사귀기로 결심했다. 요즘에는 그분과 자주 통화하고 만나고 있다.

그들 두 분의 공통점은 무엇일까? 다른 사람의 이야기를 주의 깊게 들어 주고, 자신의 생각을 정확히 표현하며, 상대의 입장을 이해한다는 거였다. 처음 만난 사람들끼리 존경과 이해, 신뢰와 관심이 상호 교류되고 있음을 느꼈다. 그들의 대화와 만남은 진심이었으며, 보다 정확한 해결 방법을 찾기 위한 노력과 정성이 가슴으로부터 배어 나왔다.

직업의 한계(限界) 극복

 며칠 전, 판사 한 분과 대화를 나누면서 그의 고충을 들었다. 중형(重刑)이나 사형을 선고해야 하는 사건을 다루면서 겪게 되는 고통은 이루 말할 수 없다고 한다. 사형선고를 하기 전날 저녁의 고뇌와 갈등은 도저히 참을 수 없을 정도라 한다. 피고인이 아무리 용서할 수 없는 죄를 지었다고 해도 목숨을 담보해야 하는 일을 결정한다는 게 얼마나 어려운 일이겠는가? 가히 짐작할 수 없지만, 충분히 그 직업적 고통을 상상할 수 있었다. 그래서 더 늙기 전에 다른 일을 해볼까 고민한다고 했다.

환자를 돌보던 새벽에 갑자기 병실을 찾아온 의사와 이야기를 나누었다. 병의 원인을 잘 모르거나 치료되지 않는 질병을 다루면서 이런저런 검사와 다양한 약을 투여하면서 겪게 되는 의사의 고통 또한 이만저만이 아니라는 걸 알게 되었다. 대책 없는 병고(病苦)에 시달리는 가족들을 보면서, 그들과 입씨름을 하면서, 최선을 다하면서도 욕을 먹고 무능하다는 소리를 들으면서, 회복의 기미가 나타나지 않아 자신의 무력함에 비애를 느끼는 슬픔은 어느 누구도 대신 느껴 줄 수 없다고 한다. 그래서 더 늦기 전에 다른 일을 해볼까 한다고 했다.

 정보통신(IT) 분야의 연구원과 만났다. 입사 2~3년이 지나도록 특별한 연구 실적을 내지 못하고, 탁월한 연구원의 보조 역할만 하면서, 이 사람 저 사람 눈치 보며 월급을 받아야 하는 박사의 고통을 누가 알겠느냐며 술잔을 따르는 그에게 동정심은 사치였다. 그래서 더 늦기 전에 다른 회사로 옮길까 고민한다고 했다.

 최근에 어느 대기업 사보(社報)에 5개월간 열 번 정도의 연재 칼럼을 썼다. 격주로 쓰는 칼럼의 마감일은 제삿날 돌아오듯

금방 다가왔다. 더 이상 쓸 내용이 없어 고민하던 차에 지면이 바뀌어 칼럼을 중단하겠다는 요청이 왔다. 얼마나 반가웠는지 모른다. 그분들에게 말하고 싶다. 아무리 힘들고 어려워도 참으라고, 모두들 자기 일과 직업이 싫어 떠난다면 그 일은 누가 하겠는가? 더럽고 힘들고 위험한 일(3D: Dirty, Difficult and Dangerous Work)을 모두가 그만두려고 한다면, 그 일은 누가 해야 하는가? 어차피 누군가는 해야 할 일들인데, 그 어떤 일도 없어서는 안 되는 일들 아닌가.

'아, 그렇구나. 모든 직업에 고통과 갈등이 있겠구나.' 어느 직업과 어느 직종이 편하고 쉬우며 간단하겠는가? 온몸을 던져 인대가 늘어나고 끊어지는 축구, 야구 선수들 등에 약을 바른 채 진통제를 먹고 춤을 추는 은반 위의 요정들, 발가락이 퉁퉁 붓다 못해 휘어지는 발레리나, 목청이 찢어지도록 노래하고 떠드는 가수와 강사들, 목숨을 밧줄에 걸고 빌딩의 벽을 닦는 청소부들….

그렇다. 자신의 존재 가치와 명예, 가족의 안정과 평화, 사회의 균형과 직업 세계의 조화를 이루기 위해 모든 사람이 땀과 피와 눈물을 아끼지 않으며 노력하고 있다. 인내와 고통과 용기와 자신감, 도전과 갈등과 고민과 열정은 단순히 감정을 표현하는 단어가 아니라, 삶의 현장과 치열한 현실 세계를 다른 말로 표현한 미사여구에 지나지 않는다.

✏️ 있을 때 잘해

 연말연시에는 술자리가 잦다. 아침저녁으로 이런저런 모임이 많다. 며칠 전, 군대에서 함께 복무했던 사병들의 모임이 있었다. 80년대 초반부터 90년대 중반까지 약 30년 이상이 지난 세월 동안, 위아래로 7~8년 되는 기간 동안 한 부대에 현역으로 복무한 사람들끼리의 모임이다. 자주 만나지는 못하지만 1~2년에 한두 번씩 만나고 있다. 군 생활이 뭐 그리 재미있었고, 기억하고 싶은 사람이 있다고 30여 년 동안 만나고 있는지, 만나는 사람들끼리도 의아스럽게 생각한다. 그래도 만나면 할 말이 많고 매일 같은 이야깃거리지만, 온

갖 재미없는 추억을 이야기하느라 1차로 끝나는 적이 없다.

연락할 때마다 그 모임에 나오는 사람들은 20~30명이 된다. 그중에 대학 시절부터 친하게 지내던 친구가 한 명 있다. 입대 당시 같은 부대, 같은 내무반 생활을 하게 되었다. 전역하면서 취직했는데 같은 회사, 같은 부서로 발령받았다. 한 회사에 17년간 함께 근무했다. 요즘도 가끔 만나 술자리를 함께하며 정담을 나눈다. 남자끼리 30년간 짝을 이루어 만나고 있으니 할 말도 없을 텐데, 만나기만 하면 쉽게 헤어지질 못한다.

군대에 있을 때 직속 상관으로 모시던 장교를 20년이 흐른 후, 두 번째 옮긴 직장에 가서 또 상사로 모시게 되었다. 필자가 인사팀장으로 근무하게 된 회사의 임원으로 재직하고 계신 게 아닌가. 군대에 있을 때 여러모로 사연을 만들어 주던 분을 비즈니스 세계에서 또 만난 것이다. 얼마 전, 환갑을 넘긴 연세에 IT업계 사장으로 계시다는 소식을 들었다.

오늘은 어느 CEO 포럼의 조찬 모임에 강사로 초빙되어 참석했다. 참석하신 분들의 면면이 예사롭지 않았다. 인사를 주고받는 가운데 특별한 분을 만났다. 70년대 말, 대학에서 컴퓨터를 공부할 때 활용한 주교재의 저자가 그 모임에 참석하신 거였다. 필자의 이력을 설명하며 친근감을 느끼고 반가움을 표했다. 머리를 조아리고 인사를 나누며 컴퓨터산업의 초창기에 어려운 학문을 정리하신 노고에 감사드리며, 그런 분 앞에 서게 된 것을 영광스럽게 생각했다.

직장생활 할 때 모시기 힘든 상사가 있었다. 깐깐하고 논리적이며 성질이 급하고 고집이 세서 상대하기가 참 힘들었다. 하지만, 워낙 부지런하고 박식하여 웬만한 부하는 견디기 힘든 분이었다. 올해 초, 어느 기업 특강에 가서 강의하던 중, 그분과의 직장생활 사례를 제시하며 그분의 흉도 보고, 나쁜 점과 좋은 점도 이야기했다. 필자의 강의를 교육 진행자가 뒤에서 듣고 있었다. 강의하고 나오는데 교육 진행자가 다가와 유난히 반갑게 인사했다. 그 교육 진행자가 바로 그 이야기의 주인공인 깐깐한 상사의 아들이었던 것이다. 조금이라도 좋은 점을 이야기하지 않았더라면 큰일 날 뻔했다.

정말 인간관계는 힘들다. 신뢰와 존경이 쉽게 형성되지 않는다. 시간이 필요하고 정성을 갖고 공(功)을 들여야 한다. 있을 때 잘해야겠다.

낯설지 않은 데자뷰(Deja vu)

　슈베르트나 차이코프스키의 '미완성교향곡'을 들으며, 어떻게 미완성으로 끝이 났을까 궁금했다. 두 사람의 사연을 알고 보니 슬프고 비슷했다. 불후의 명작인 두 곡은 작곡가들이 가장 힘들 때 만들어졌다고 한다. 쇼팽의 '피아노협주곡 1번'과 베토벤의 '피아노협주곡 5번 황제'의 2악장의 선율이 서로 비슷한 선율인 듯하여 놀라기도 한다.
　소설을 읽으면서도 어디선가 읽은 듯한 데자뷰를 느낀 적도 있고, 신문 사설이나 칼럼을 읽다가도 다른 신문에서 언제가 읽은 듯한 느낌을 갖게 되는 경우가 있다. 베껴서 쓰지는 않앉을 것이고, 아주 오래된 글도 있는데 어떻게 필자들의 생각과 주장이 비슷한지 다시 한번 놀란다.

"이게 뭐, 언제 또 쓸모가 있겠어?" 하면서도 놓치기 아까운 책이 있으면 사서 읽어 보고, 다시 생각하고, 혹시 언젠가는 쓸모가 있을 듯한 책이 보이면 사서 꽂아 두기도 했다. 그러다 보면 같은 책이 두세 권이 되는 경우도 있다. 간혹 좋은 사람을 만날 때 선물로 주면 아주 좋아한다. 좋은 책을 알아보는 사람들을 만나게 되는 것이다.

인간관계도 그렇다. 왠지 다시 만날 것 같은 사람이 있고, 그냥 만나 보고 싶은 사람도 있는데, 좋은 사람들은 이런저런 이유로 다시 만나게 된다. 첫 만남이 끝나고 왠지 느낌이 좋지 않거나 다시 보고 싶지 않은 사람은 전화도 받기 싫을 때가 있다. 만난 적이 없는 사람들도 페이스북이나 밴드, 블로그 등을 통해 소통하고 인사를 나누다 보면 왠지 만나고 싶고, 차라도 한잔하고 싶은 사람들이 있다. 명확한 이유는 모르겠다. 아마 상대방도 그럴 것 같다. 그러니까 같은 곳에서 다시 만나게 되는 것이다. 서점에서 만나고, 학술 세미나에서 만나고, 커피숍에서도 우연히 보게 된다.

졸저를 내면서 어떤 모임에서 눈여겨 뵌 교수님께 '추천의 글'을 부탁한 적이 있는데, 그분이 잊지 않고 이번에는 강의해 달라는 요청을 하셨다. 그분께서 급하게 찾는 강사가 바로 저 같은 사람이었거나 다시 보고 싶었는지도 모른다.

최근 4차 산업혁명과 Big Data에 대한 전문서적을 몇 권 읽었는데, 내가 학부에서 컴퓨터공학을 전공했다는 점을 들어 몇 번 강의하게 되었다. 최근 행정안전부, 동국대, 경찰청 등에서 4차 산업혁명과 Big Data에 대해 강의했고 지방의 어느 공직자분들을 모신 자리에서도 같은 주제로 강의하게 되었다.

글이나 음악이나 사람이나 '왠지 모르게 느끼는 끌림'이 있다. '끌림의 법칙'이라고도 하고, 유유상종(類類相從)이라고도 한다. 이런 관계나 매력은 모두 비슷한 사람들끼리 비슷하게 느낀다. 새들도 같은 새들끼리 날아간다. 코스모스밭에는 코스모스만 가득하고, 소나무밭에는 소나무가 가득하다. 신기하고 신비로운 자연의 법칙이다. 오늘은 누구를 만나고 무슨 책을 읽고 싶은가?

하기 싫은 일도 할 수 있는 용기

"퇴사할 준비를 하면서 적당히 때우고 있습니다."

"조용한 사표(Silent Resignation)를 낼 생각입니다."

"밤중에 정리하고 나간 직원의 책상을 치우면서 울고 싶었습니다."

"담임은 맡고 싶지 않습니다. 팀장은 싫은데요."

"제가요? 왜요? 그게 뭔데요?"

어쩌면 이렇게 한심한 사회로 변해가고 있는지 알 수 없다. 요즘 MZ세대 직원들이 언제든지 퇴사할 준비를 하거나 또는 '이중 직업(Double Job)'으로 뛰면서 생존경쟁을 하고 있다는 소식이 자주 들린다. '노예들의 합창'인지 모르겠다. 작은 중소기업 직원들을 대상으로 '무기명 설문조사'를 했다. 80%의 직원들이 "지금 퇴사하고 싶다. 회사에 문제가 많고, 사장이 마음에 들지 않는다"라는 의견을 적어 냈다. 이 지구상에 마음에 드는 사장이 있을지, 문제없는 회사가 있는지 다시 생각해 본다. 그런 문제를 해결하면서 돈을 벌고, 먹고 살기 위해 회사를 다니는 게 아닌지 묻고 싶었다.

최근 젊은 직원들 생각은 잘못된 부분이 많다. 그걸 바로잡아 주는 어른도 없다. 젊은이들 눈치를 보면서 쩔쩔매고 있는 상사 또는 관리자들을 보면 한심하고 불쌍하다. 일한다는 것은 '생계수단 그 이상의 의미'가 있다. 국가 발전을 위한 기초가 일이며 직장이다. 자신이 하는 일이 누군가에게 도움이 되고, 사회의 틀을 유지하는 기반이 된다. 아는 것만큼, 갖고 있는 능력만큼, 배우고 익힌 것만큼 가정의 행복과 국가 경제의 버팀목이 되는 거다. 그걸 '영향력'이라고도 하며, 게으르지 않고 지혜롭게 일을 해야 하는 책임을 '사명'이라고 한다.

"훌륭한 의사는 아플 권리가 없다. 인류 의학 발전을 위해 생을 바치겠노라"고 고대 의성(醫聖) 히포크라테스는 선언했다. 하기 싫은 일도 할 수 있는 용기가 필요한 때다. 일단 들어간 회사에서 5년 이상 참고 다니면서 많은 기술(Soft Skills), 즉 인간관계, 의사소통, 갈등 관리, 문제 해결, 창의력 등을 배우고 몸으로 익혀야 한다. 그런 건 책으로 배워지지 않는다.

하고 싶지 않은 일을 잘해서 성공하는 노력도 필요하다. "하고 싶은 일을 해야 성공한다"는 사기꾼의 말보다는 "지겹고 귀찮은 일을 하면서 참고 버틸 수 있는 인내가 있어야 한다"는 선배의 말을 들을 수 있는 지혜가 필요한 때다. 재수 없고 밥맛없는 사람들과 어울릴 줄 아는 게 인간관계 기술이다. 그건 아무도 가르쳐 주지 않는다.